決してもめない！
手続きが2時間でわかる！

円満相続のコツ
見るだけノート

監修
橘 慶太
Keita Tachibana

宝島社

決してもめない！手続きが2時間でわかる！

円満相続のコツ
見るだけノート

監修｜橘 慶太｜Keita Tachibana

協力 湯本康平

宝島社

相続の手続きを事前に
知っておくことが重要

　大切な方を亡くされたあと、遺された方々の悲しみは計り知れません。それが突然のお別れであれば、なおさらでしょう。

　しかしながら、悲しみもつかの間、遺されたご家族はその直後から数多くの手続きを行わなければいけません。生前お世話になった方々への連絡や、葬儀の手配、行政への書類提出など、とても慌ただしい時間を過ごすことになります。

　そして葬儀が終わってからは、故人の財産を遺族で分ける相続の手続きがはじまります。

　私は相続専門の税理士として、これまで多くの方々の手続きをサポートしてきました。財産分与が滞りなく円満に終わるケースもあれば、トラブルが発生してなかなか話がまとまらないケースもあります。

「うちの家族はみんな仲がいいから大丈夫だろう」と思っている方も多いでしょう。しかし、私の経験上、注意するべきなのはじつはそういった「仲のいいご家族」です。故人も「トラブルになる可能性はないだろう」と考え、しっかりとした遺言を遺していない場合もあります。

　相続の手続きは想像以上に精神的な負担がかかります。忙しい日常生活に、ご家族を亡くした悲しみと期限のある大量の手続きが加わってくるのです。次第にストレスが溜まっていき、ご家族の仲に深い亀裂が入ってしまうことも考えられます。

　少しでもご家族の精神的負担を減らし、落ち着いて手続きを進めるためには、事前に相続手続きの全体像をつかんでおくことがとても大切です。あとどれくらい手続きが残っているのか把握しているのと、ただ闇雲に１つひとつの手続きを進めていくのとでは、大きな差があるからです。

　本書は簡潔な文章とふんだんなイラストを用いることで、とことん「わかりやすさ」に重点を置き、相続についてやさしく解説しています。

　本書をお読みになり、みなさまの相続に関する理解が少しでも深まれば幸いです。

橘　　慶太

相続は骨肉の争いに なることがある

遺産の大小にかかわらず、相続トラブルは起こってしまうものです。
事前にどんなトラブルに発展し得るかを考え、対策しておく必要があります。

よくある相続トラブル

①誰が相続するか決まらない

実の親子や兄弟間でも、相続に関してはトラブルになりやすいので要注意。また、前妻との子どもがいたり養子がいたりすれば、よりトラブルに発展しやすくなります。相続が発生する前に、家族関係を見つめ直しましょう。

俺も相続人だ！

故人の兄弟

私もよ！

実子

は、はあ……

②遺産トラブルの多くが 遺された不動産でもめる

不動産は分割することができないため、受け取る不動産によっては相続人の間で差が出てしまいます。

どう分ければいいものか

受け取る額がバラついちゃう

3,000万円

8,000万円

1億円

③家族以外にも相続人がいる

遺産を受け取れるのは、家族だけではありません。故人の面倒を見ていた人や、介護をしていた人も相続人になり得ます。

> 私も遺産を分けてもらえるはず！

> 生前に夫がお世話になったし……

> でも、どのくらい渡せばいいんだろう

故人の介護人

④相続税の申告期限に間に合わない

> こんなに遺産があったのか！

> よ～しみんなで分けるぞ

> これは俺の分だ

> まったく話が進まない……

> いや、私のでしょ

> これじゃ、納税期限に間に合わないかも

相続が開始するまで、どんな遺産があるか知らないということは珍しくありません。しっかり把握できていないと遺産分けがうまく進まず、相続税の申告期限を過ぎてしまう可能性があります。

円満に相続するには準備が必要

生前の健康なうちから準備を進めておくことで、相続の際にトラブルを生むことなく、スムーズな遺産分割ができます。

健康なときに相続の準備をする

高齢者のなかには認知症を発症する人も多く、認知症になると不動産の売買ができなくなったり、預貯金の引き出しに制限がかかったりします。そうなる前に、ちゃんと準備をしておくことが大切です。

相続の準備したほうがいいかしら

認知症になってからじゃ遅いもんな

活用して今のうちに備えておこう！

後見制度や民事信託というのがあるのか

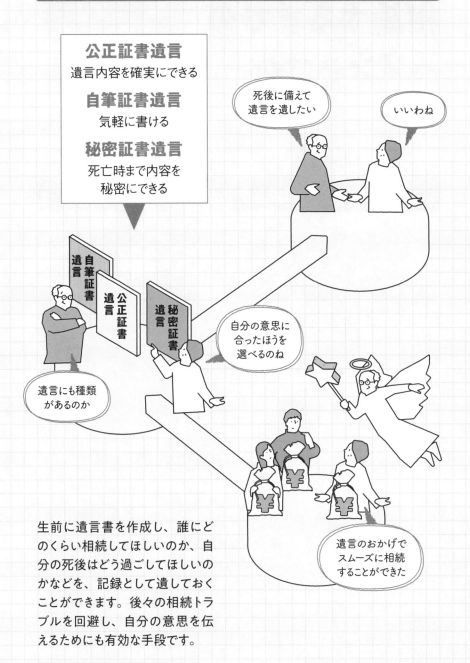

公正証書遺言
遺言内容を確実にできる

自筆証書遺言
気軽に書ける

秘密証書遺言
死亡時まで内容を
秘密にできる

死後に備えて
遺言を遺したい

いいわね

自分の意思に
合ったほうを
選べるのね

遺言にも種類
があるのか

遺言のおかげで
スムーズに相続
することができた

生前に遺言書を作成し、誰にどのくらい相続してほしいのか、自分の死後はどう過ごしてほしいのかなどを、記録として遺しておくことができます。後々の相続トラブルを回避し、自分の意思を伝えるためにも有効な手段です。

相続するまでの スケジュール

書類の提出や納税には期限があります。直前になってバタバタしないためにも、
相続の流れを大まかに把握しておきましょう。

相続スケジュール

身内が亡くなると、その直後からさまざまな手続きをすることになります。最終的な相続完了に向けて、大まかな相続手続きの流れをつかんでおきましょう。

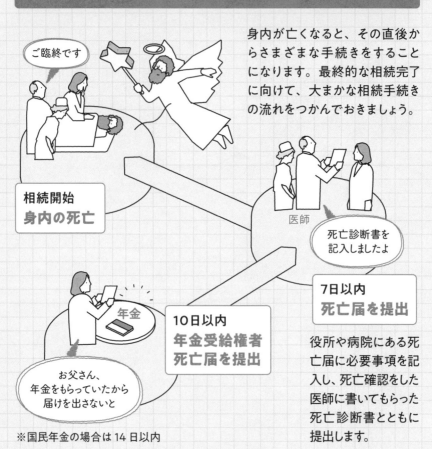

ご臨終です

相続開始
身内の死亡

医師

死亡診断書を記入しましたよ

7日以内
死亡届を提出

年金

10日以内
年金受給権者
死亡届を提出

お父さん、年金をもらっていたから届けを出さないと

※国民年金の場合は14日以内

役所や病院にある死亡届に必要事項を記入し、死亡確認をした医師に書いてもらった死亡診断書とともに提出します。

本書の流れとポイント

本書では、相続について、イラストを用いて簡潔にわかりやすく解説しています。
ひとつずつ相続に関する疑問を解消していきましょう。

各Chapterの概要

Chapter 1 相続に関する
基本的な知識を学ぶ

相続を考えるうえで知っておくべき、基本的なことについて解説します。

Chapter 2 相続で失敗しないための
ポイントを知っておく

相続には、必要な手続きや期限つきの申請が多くあります。「あのときやっておけば……」と、あとで後悔しないように、重要なポイントを押さえておきましょう。

ほう……
こんなに遺産が

Chapter 3・4 遺産を把握することで
円滑な相続ができる

どんな遺産があるか把握し、事
前に対処しておくことで、のちの
相続が円滑に進みます。

トラブルは
避けたい〜

Chapter 5 相続トラブルを防ぐために
知っておくべきこと

相続にはトラブルがつきもの。火種
を少しでも減らすために、さまざまな
ケースを知っておくとよいでしょう。

Chapter 6 相続税は節税できる

節税して、できるだけ遺産を減
らさずに受け渡すための方法
をピックアップ。

遺産を減らさず
に済んだね！

税務署から
電話だ！

Chapter 7 プラスで覚えておきたい
相続のこと

円満な相続を叶える、覚えておく
と便利な知識を解説します。

決してもめない！
手続きが2時間でわかる！

円満相続のコツ
見るだけノート
Contents

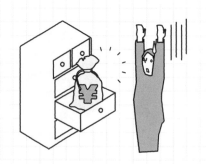

Chapter1
円満相続のために
まずは基本を
押さえよう

Chapter2
失敗しない
死後の手続き

Chapter3
故人の遺産を
把握する①

Chapter4
故人の遺産を
把握する②

Chapter5
相続で起こる
トラブルを
未然に防ぐ

Column 05
相続トラブルの
火種はさまざまであり
どの家族にも起こり得る
…………………………………… 132

Chapter6
相続税で
もめないための
賢い節税方法 ¥

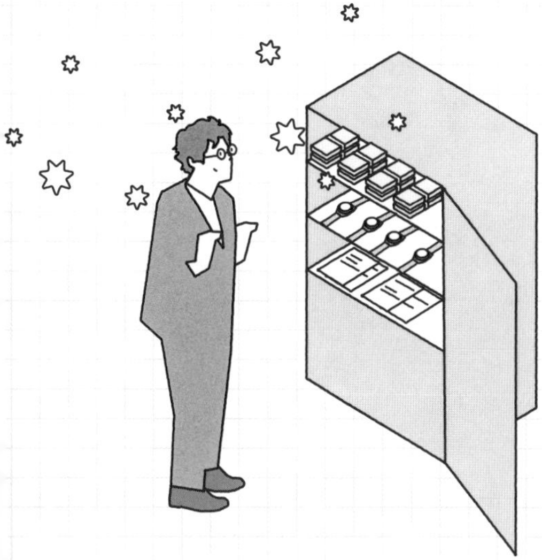

Chapter7
円満相続で終わるために

Chapter

1

ENMAN SOUZOKU NO KOTSU
mirudake notes

円満相続のために
まずは基本を押さえよう

人が亡くなるタイミングというのは、当然ながら決まっているものではありません。親が急に亡くなり、何の準備もないまま相続の手続きをしなければいけない……なんてことも。もしものときに備えて、相続の基本知識を身につけ、早いうちからしっかり考えておきましょう。

01 相続はできるものとできないものがある

相続は家族が亡くなったときからはじまります。故人の財産は当人に固有の権利を除き、借金も含めて相続の対象となります。

被相続人（故人）が遺した**財産**には、相続人が引き継げるものと引き継げないものがあります。**相続の対象となるのは故人の預貯金や不動産といったプラスの財産に、借金や債務などのマイナスの財産、死亡後に支給される生命保険金（死亡保険金）や死亡退職金などのみなし相続財産、課税対象にならない非課税財産です。**生前の身分や地位といった、被相続人の固有の権利・義務については、相続することができません。

相続で引き継ぐ4つの財産

1. プラスの財産
   本来の相続財産
   （故人所有の土地・家屋、現金や金融資産、車など）

2. マイナスの財産
   故人の借金やローン残債
   （税金の未払い分や葬儀費用も含まれます）

3. みなし相続財産
   死亡を機に受け取れる財産
   （死亡保険金や、故人の死亡退職金など）

4. 非課税財産
   相続税の課税対象とはならない財産
   （故人が所有していた墓や仏壇、仏像など）

遺産を正確に把握しないと、税務署のチェックもさることながら、遺族間のトラブルを招く大きな原因となります。

相続の手続きは家族が亡くなったときからはじまります。まずは遺言書の有無を確認し、相続人が誰になるかを確定させます。それから遺産がどれくらいあるかを調べ、これも確定させます。原則として、**相続税の対象となる故人の財産は、お金でその価値を見積もることができるものすべて**。これらを明らかにすることは、円満な相続のための最重要ポイントといえるでしょう。

相続税の対象になるもの・ならないもの

課税対象になるもの

プラスの財産

不動産（土地・家屋）、現金・金融資産（株式など）、貴金属、自動車、ゴルフ会員権など

みなし相続財産

死亡退職金です。お納めください

死亡保険金、死亡退職金、贈与財産の一部など

課税対象にならないもの

マイナスの財産

借金、ローン残債、税金の未払い分など

非課税財産

墓、仏壇、仏像、公益を目的とした事業を行うための財産など

プラスの財産＋みなし相続財産ーマイナスの財産＝遺産の総額（課税対象となる相続財産）

02 相続人が選ぶことのできる 3つの相続方法

相続が開始されると、相続人は単純承認・限定承認・相続放棄のうちから相続方法を選ぶことになります。

相続の開始とは、厳密にいつからなのでしょうか。一般的には、被相続人の死亡日が相続開始日となり、死亡診断書に記載された日付がこれにあたります。**相続人は、この日から3カ月以内に相続方法を決めなければなりません。**この期間を熟慮期間と呼びます。相続人が選べる相続方法には、**単純承認・限定承認・相続放棄**の3つがあり、熟慮期間内に限定承認、相続放棄の手続きをとらない場合は、自動的に単純承認になります。

相続における3つの選択肢

1. 単純承認
   被相続人が遺したすべての財産を、プラス、マイナスに関係なく相続人が無制限・無条件に相続する。

2. 限定承認
   マイナスの財産があっても相続人はプラスの財産の範囲内で弁済でき、残った分を相続する。

3. 相続放棄
   相続人が財産に関するすべての権利を放棄すること。プラスの財産より借金などマイナスの財産が多い場合に選択される。

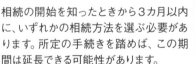

相続の開始を知ったときから3カ月以内に、いずれかの相続方法を選ぶ必要があります。所定の手続きを踏めば、この期間は延長できる可能性があります。

相続財産には預貯金などプラスのものだけでなく、**負債やローン残債などマイナスのものがあります**。単純承認はプラス、マイナス関係なくすべての財産を引き受けるもので、限定承認はプラスの範囲内でマイナス分の弁済を行い、残りを受け取るもの。相続放棄は、相続に関する権利義務のすべてを放棄するものです。相続財産の洗い出しが済んだら、この3つのうちから自分に適した方法を選びましょう。

これをやったら単純承認とみなされる

この骨とう品のツボを買ってください

相続人が相続財産の全部または一部を、すでに自分のものであるように処分してしまったとき

相続人が限定承認や相続放棄をしたのち、相続財産の全部もしくは一部を隠したり消費したりしたとき

やばい！もう3カ月が過ぎてる

相続開始から3カ月以内に限定承認・相続放棄の手続きをとらなかったとき

故人の財産を勝手に自分の財産として扱うと単純承認とみなされます

03 遺産がもらえる人には順位が決められている

遺言書で指名されなくても、配偶者は常に相続人になれます。
故人の血族も優先順位に従って遺産を受け取る権利があります。

被相続人は遺言書で遺産の相続人を指名することが可能です。またそれとは別に、**法的に遺産を相続する権利を持っている人もいます。故人の配偶者や血族がこれにあたり、法定相続人といいます。重要なのは、戸籍上の関係があるかどうか**。養子や養親でも、法律上の親子関係があれば相続人になれますが、法律上は無関係な内縁の妻や、認知されていない子どもは相続人にはなれません。

法定相続人になれる人・なれない人

法定相続人になれる

| 配偶者 | 実子 | 被相続人（自分） | 養子 | 父親 | 兄 |

遺言書で指名されていなくても、故人の配偶者と血族には法的に相続の権利が保障されています。法律上の親子関係にあれば養子でもOKです。

法定相続人になれない

事実婚はダメなんだって

僕、パパの子なのに……

内縁の妻

認知されていない子

内縁の妻や、実の子でも認知されていない非嫡出子は、法律上の夫婦・親子関係にないので法定相続人になれません。

血族がみな、法定相続人として遺産を受け取れるわけではありません。**故人の配偶者と優先順位が上位の血族だけが、相続の権利を得られるのです。**もし故人に子どもがいれば、その子らに優先して相続の権利が与えられます。子どもがいない場合は、故人の親に権利が移り、子どもがいなく親も亡くなっている場合は、故人の兄弟姉妹へと権利が移っていきます。

法定相続人の優先順位

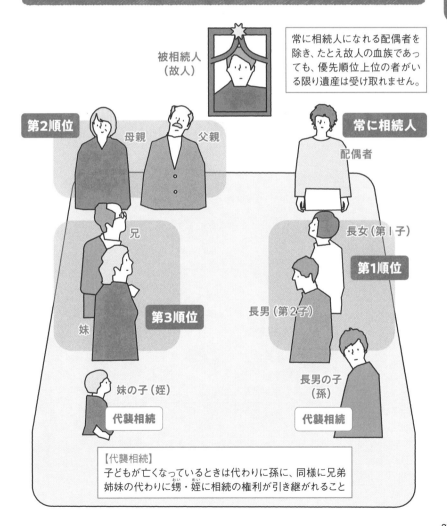

被相続人
（故人）

常に相続人になれる配偶者を除き、たとえ故人の血族であっても、優先順位上位の者がいる限り遺産は受け取れません。

第2順位　母親　父親

常に相続人　配偶者

兄

長女（第1子）

第1順位

第3順位　妹

長男（第2子）

妹の子（姪）

長男の子
（孫）

代襲相続

代襲相続

【代襲相続】
子どもが亡くなっているときは代わりに孫に、同様に兄弟姉妹の代わりに甥・姪に相続の権利が引き継がれること

04 誰がいくらもらえるか 割合も決められている

法定相続人が受け取ることのできる遺産の割合は決められています。また、その割合は相続人の組み合わせで変わります。

法定相続人が受け取れる遺産の割合は、法的に決められています。これを法定相続分といい、相続人の組み合わせによってその割合が変化。たとえば法定相続人が配偶者のみの場合、配偶者がすべての遺産を相続しますが、子どもがいる場合は配偶者と子どもそれぞれが2分の1ずつ相続します。ここでのポイントは、優先順位が下位になるにつれ、配偶者の相続割合が増えること。

遺産分割の基準となる法定相続分とは

- 受け取れる遺産の割合は法的に決まっている
- 法定相続人の組み合わせごとに割合が違う
- 法定相続人が配偶者だけの場合は、配偶者が全額相続
- 同じ順位の法定相続人が複数いる場合は、均等割り

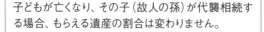

子どもが亡くなり、その子（故人の孫）が代襲相続する場合、もらえる遺産の割合は変わりません。

具体的には、法定相続人が配偶者と親の場合は配偶者が３分の２、親が３分の１を相続します。これが配偶者と兄弟姉妹の場合では配偶者が４分の３、兄弟姉妹が４分の１となるのです。**子どもが複数いるとき、両親が健在のとき、兄弟姉妹が複数いるときは、さらにこれが均等割りされます。**配偶者がいない場合は、子ども、親、兄弟姉妹といった優先順位に従い、遺産のすべてが引き継がれます。

組み合わせに応じた法定相続分の割合

配偶者 全額

配偶者 2分の1	子ども 2分の1

配偶者 全額

長男 1/8
長女 1/8
配偶者 1/2
次男 1/8
次女 1/8

配偶者だけ

配偶者と子ども

配偶者 3分の2	親 3分の1

配偶者 4分の3	兄弟姉妹 4分の1

1/6 母親　父親 1/6
配偶者 2/3

配偶者 3/4　兄 1/8
妹 1/8

配偶者と親

配偶者と兄弟姉妹

法定相続人が複数いる場合は均等割りします。たとえば子どもが４人のとき、法定相続分の2分の1を4で割って、8分の1ずつ遺産を受け取れることになります。

05 たとえ遺言書があっても法定相続人には権利がある?

遺産分割は遺言書に従うのが原則ですが、法定相続人には、決められた一定の遺産を請求する権利があります。

法定相続人以外にも遺産を分け与える、という旨が**遺言書**に記されているケースは珍しくありません。正規の手続きを踏んで作成された遺言書である以上、遺産分割はその内容に従って進められます。ただし、法定相続人には一定の割合の遺産を受け取る権利が保障されています。これを**法律で遺留分と呼び、遺言書の内容がどうあれ、法定相続人(兄弟姉妹を除く)は法定相続分の2分の1を請求することができるのです。**

法定相続人は遺産の半分を請求できる

故人

愛人と非嫡出子

戸籍上の血族＝法定相続人

私たちはこれで十分

法定相続分には遺留分があるのです

最初から半分取り分けておけばよかった

法定相続人(兄弟姉妹を除く)は、法定相続分の2分の1を遺留分として請求できます。

30

たとえば遺言書が遺産の大半を第三者に贈るとしていた場合でも、配偶者は遺産の2分の1を遺留分として取り戻せます。本来、配偶者の法定相続分は遺産全額。これに比べると大幅な減額ですが、ゼロよりはましです。**法律により、権利が半分守られたと考えましょう**。もとより死後のトラブルを避けるため、第三者に遺産を贈るにしても、遺留分はあらかじめ取り分けておくのが賢いやり方です。

各法定相続人に認められる遺留分の割合

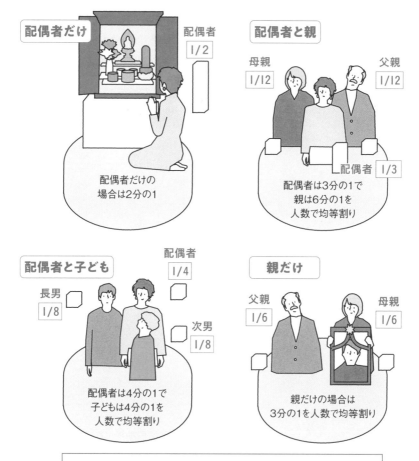

配偶者だけ

配偶者
1/2

配偶者だけの
場合は2分の1

配偶者と親

母親
1/12

父親
1/12

配偶者 1/3

配偶者は3分の1で
親は6分の1を
人数で均等割り

配偶者と子ども

配偶者
1/4

長男
1/8

次男
1/8

配偶者は4分の1で
子どもは4分の1を
人数で均等割り

親だけ

父親
1/6

母親
1/6

親だけの場合は
3分の1を人数で均等割り

遺留分は法定相続分の2分の1ですが、親だけの場合は3分の1となります。また、兄弟姉妹には遺留分がないので注意が必要です。

06 遺産分割の割合は 話し合いでも決められる

法定相続人は遺言書がなければ法定相続分の遺産を受け取れますが、話し合いで分割の割合を決めることもできます。

遺言書があるかないかで遺産の行き先とその分割割合は変わりますが、基本的にはルールに沿った相続が行われます。一方、**法定相続人全員の了承が得られれば、誰がどれだけ遺産を相続するかを自由に決めることも可能。そのための話し合いが「遺産分割協議」です。**そして協議の終わりには、取り決めた具体的な内容を記した「**遺産分割協議書**」を作成して合意の証とします。

協議の結果をまとめた遺産分割協議書とは

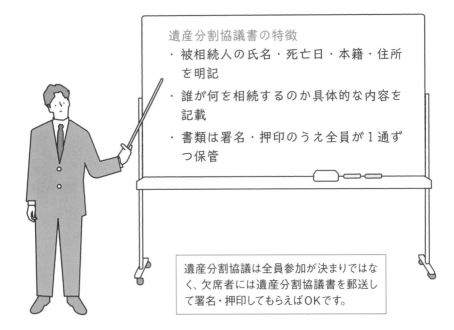

遺産分割協議書の特徴
・被相続人の氏名・死亡日・本籍・住所を明記
・誰が何を相続するのか具体的な内容を記載
・書類は署名・押印のうえ全員が1通ずつ保管

遺産分割協議は全員参加が決まりではなく、欠席者には遺産分割協議書を郵送して署名・押印してもらえばOKです。

遺産分割協議書には、亡くなった被相続人の氏名・死亡日・本籍・住所を記載したうえで、誰がどんな遺産を相続するかを詳細に記さなければなりません。同時にその内容が合意を得た証拠として、法定相続人全員の氏名と住所を記入し、実印を押します。また、全員が1通ずつ持ち合うのも重要なポイントです。遺産分割協議書はその後の相続手続きでも必要になってくるので、大切に保管しましょう。

遺産分割協議の流れ

協議が円満に済んだ場合

家は売らずに俺が住みたいんだけど

いいよ。介護は任せきりだったしね

大事な書類だからなくしちゃダメだぜ

遺産分割協議

遺産を自由に分けたいときは、法定相続人を集めて遺産分割協議を行います。

遺産分割協議書を作成して全員が署名・押印。各自1通ずつ保管します。

協議が決裂した場合

家庭裁判所で調停。それでも合意が得られないときは裁判官が決定します（遺産分割審判）。

遺産分割調停

07 相続税には非課税となる枠がある

相続する遺産が、基礎控除額という一定の非課税枠を超えると相続税が発生します。

相続税が発生するかどうかを知るには、まず遺産の総額を把握しなければなりません。相続する財産のうち、現金や不動産などのプラスの財産に死亡退職金などのみなし相続財産を加え、そこから借金などのマイナスの財産、墓や仏壇などの非課税財産を差し引いたものが遺産の総額になります。**相続税は、この遺産の総額から、基礎控除額を引いた金額に課せられます。**

相続税には税務署の目が光っている

祖父の財産が入ったよ

わっ！ あのお金持ちのおじいさんよね

新しい自転車を買っちゃった

おたく相続税ちゃんと払ってますか？

僕はほしかったゴルフセットを

相続税を払わなかったり過少に申告したりすると、税務署の調査が入って本税と併せて追徴課税を払うはめになります。

基礎控除額は「3,000万円＋（600万円×法定相続人の数）」という式で求めることができます。たとえば法定相続人が2人の場合、この式に当てはめれば基礎控除額は4,200万円、3人では4,800万円となります。ここで注意したいのが、これは法的に相続の権利を持つ法定相続人の数であり、実際に遺産をもらう人の数ではないということ。また、遺産の総額から基礎控除額を引いた金額がゼロ以下なら、相続税は発生しません。

課税・非課税の目安となる基礎控除額

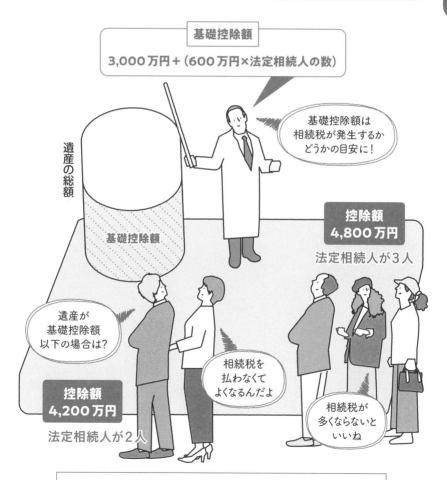

法定相続人の数が多くなるほど基礎控除額の枠も広がっていきます。

08 遺産の割合に応じて 相続税を支払う

課税対象額がプラスだと相続税の支払い義務が発生。
遺産をもらった人が、その割合に応じた額を支払います。

遺産を受け取った人は、その遺産の額に応じて、相続税を支払う義務があります。一方、法定相続人であっても遺産をもらっていない人は、支払う必要がありません。法定相続人が配偶者と子ども 2 人というシンプルなケースで考えると、遺産の 2 分の 1 を相続する配偶者は相続税の 2 分の 1 を、遺産の 4 分の 1 ずつを相続する子どもたちは同じく 4 分の 1 を支払う義務があります。

遺産の額が相続税を決める

1. 遺産総額 − 基礎控除額 = 課税対象額の総額
2. 法定相続分に応じた各相続人の課税対象額 × 税率 − 控除額 = 相続税額
3. 法定相続人の相続税額の総和 = 相続税の総額
4. 相続税の総額をもとに実際に遺産をもらった 人がその割合に応じて相続税を支払う

相続税の総額は各法定相続人の税額を合計することで求められますが、支払い義務が生じるのはあくまで遺産をもらった人だけです。

故人が遺した遺産の総額から基礎控除額を引くと、**課税対象額の総額**が出ます。仮にこの額を2億円として、法定相続人が配偶者と子ども2人のケースを考えると、法定相続分で分割したときの金額は配偶者が1億円で子どもたちが5,000万円ずつ。**これに金額に応じた所定の税率をかけ、控除額を引いた額の総和が相続税の総額になります。**これをもとに、受け取った遺産額の割合に応じて各人の相続税が決まります。

相続税の総額の計算例

課税対象額の総額が2億円の場合

遺産を配偶者・子ども2人で
法定相続分で分割したときの金額

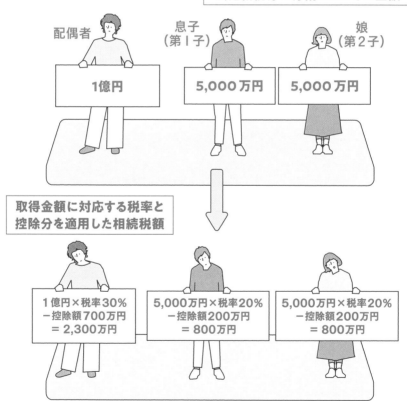

配偶者 | 息子（第1子） | 娘（第2子）

1億円 | 5,000万円 | 5,000万円

取得金額に対応する税率と
控除分を適用した相続税額

1億円×税率30%
－控除額700万円
＝2,300万円

5,000万円×税率20%
－控除額200万円
＝800万円

5,000万円×税率20%
－控除額200万円
＝800万円

上記の合計3,900万円（2,300万円＋800万円＋800万円）が相続税の総額。
この金額をもとに、実際にもらった遺産の割合に応じた相続税を支払います。

トラブル回避のコツは
親の生前から
話し合いをしておくこと

　財産の相続に関する話し合いは、親が元気なうちにやっておくのがベストです。親が高齢でなくても、重い病気や認知症を発症したり、急病や事故で突然亡くなったりするケースも少なくありません。

　相続の話し合いは、なるべく親と推定相続人だけで行いましょう。推定相続人の配偶者や子が参加するといろいろな思惑が重なり、話がややこしくなる可能性があります。また、感情的にならないよう、専門知識を持った弁護士や税理士などの第三者に立ち会ってもらうのもひとつの手です。話し合いの場所は、財産に関する資料をすぐに探せる親の家が何かと便利ですが、参加者のひとりが親と同居していると、その人物にとって優位に進められる環境になる恐れがあります。そこで、資料を準備したうえで、貸会議室のような中立的な場所を用意するのが得策です。

話し合う前に確認しておかなければならないのは、「遺産を相続すると想定される推定相続人」「親の財産、日常生活の収支」「親が希望する財産の継承や老後の暮らし方、またはその不安」です。

　結論がスムーズに出るように、議題はあらかじめリストアップしておきましょう。議題の例としては、「親の財産状況、相続財産の配分」「生前から開始できる節税対策」「要介護になった場合の親の希望や子の役割分担」「お墓などの祭祀財産の継承や葬儀の方法」などがあります。

　また話し合いの際に、議事録の作成や動画撮影、音声録音などをしておくことは、のちにもめないための大事なポイントです。誘導にならないように気をつけながら、親に意思をはっきりと示してもらい、希望の実現のために専門家の力を借りて具体的な方策を話し合います。

　うちは親族の仲がいいとか、喧嘩するほど財産がないと考える人も多いのですが、裁判の司法統計では、相続争いの約80％が遺産額5,000万円以下の家庭で起きています。自分のところは大丈夫と思わず、十分に備えてトラブルを未然に防ぎましょう。

Chapter

2

ENMAN SOUZOKU NO KOTSU
mirudake notes

失敗しない
死後の手続き

相続の手続きは想像以上に大変です。やらなければならないことが多いうえに、申請によっては期限が設けられているものもあります。そのときになってバタバタしないよう、押さえておくべきポイントを本Chapterで紹介していきます。

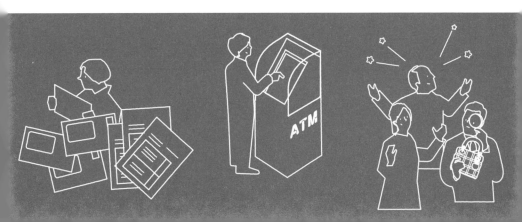

01

まずやるべきことは 死亡届の提出

家族が亡くなったら7日以内に死亡届と死亡診断書を役所に提出します。死亡届は届出人が、死亡診断書は医師が記入します。

大切な家族を失った直後は心の余裕もなくなってしまうもの。それでも余計なトラブルを避けるため、必要な手続きは速やかに済ませましょう。**身内が亡くなって最初にやることは死亡届の提出です**。この用紙は役所や病院などに置いてあり、書面左側が死亡届、右側が**死亡診断書**になっています。これを**死亡の事実を知った日から7日以内に、死亡地か本籍地、または届出人の所在地の役所に提出します**。

死亡届は死後7日以内に

提出にあたって押さえておきたいこと

・死亡の事実を知った日から7日以内に提出する

・書面の左側が死亡届、右側が死亡診断書

・用紙は役所や病院などに備えてある

・死亡届には死亡者の氏名・性別など基本情報に加え、死亡した時刻・場所などを記載

・届け出は死亡地か本籍地、届出人の所在地に

相続の手続きには、被相続人の除籍を示す戸籍謄本などが必要。そのためにも死亡届の提出は必須です。

死亡診断書は、死亡を確認した医師に記入してもらいます。**有料ですが、医師以外が作成することはできません**。死亡届の届出人になれるのは親族、同居人、亡くなった場所の所有者（家主・地主）、同じく管理者、後見人など故人に関係がある人です。死亡届が受理されると、引き換えに「火葬許可証」が交付されます。これは、遺体の火葬に必要な書類です。

家族が亡くなってから葬儀までの流れ

ご臨終です

医師により死亡が確認されると、慌ただしい相続のスケジュールがスタートします。

死後7日以内に死亡届・死亡診断書と、火葬のための火葬許可申請書を役所に提出。

火葬許可証の交付を受けたら火葬の手配。届け出も含め葬儀社が代行してくれるサービスも。

one point

火葬許可申請書
火葬に必要な書類。死亡届と一緒に提出すると「火葬許可証」の交付が受けられます。許可証なしの火葬は死体損壊などの罪になるので注意。

02 死亡届を出したあとに必ずやるべきこと

葬儀が済めばそれで終わりではなく、相続に向けた多くの手続きが残っています。1つひとつ確実に処理していきましょう。

死亡届を提出し、葬儀が済んだあとも、**やるべきこと**がたくさんあります。故人が**年金受給者の場合、厚生年金は死亡後10日以内に、国民年金は14日以内に「年金受給権者死亡届」を提出**しなければなりません。「**国民健康保険証**」と「**介護保険証**」がある場合も**14日以内に返却**する必要があります。また、**故人が世帯主だったとき、やはり14日以内に変更届を役所に提出**する決まりになっています。

葬儀後にやるべきこと

- ●なるべく早くやること
  各種契約の解約・名義変更、遺言書の確認、相続人の調査と財産目録の作成
- ●10日以内にやること
  年金受給権者死亡届の提出
- ●14日以内にやること
  国民健康保険証と介護保険証の返却、世帯主の変更手続き

勤務先の死亡退職金や健康保険の死亡一時金を受け取れる場合もあるので、早めに確認しておきましょう。

各種契約の解約や名義変更も忘れてはいけません。故人名義で契約していたガス・電気・水道などの公共料金の名義変更は、なるべく早めに済ませましょう。故人が使用していた携帯電話も、今後使うつもりがなければ、料金が発生する前に解約します。**金融機関の口座は、死亡届を出していても自動的に凍結されないので連絡を忘れないように**。ただ口座が凍結されると、各種手続きができなくなるので注意が必要です。

相続をめぐって起きやすいトラブル

トラブル回避のために、各人が決められたルールに沿って手続きを進めること。それが円満な相続につながります。

03 年金を停止しないと大問題になる

故人が年金受給者の場合は停止の手続きをとる必要があります。
忘れると、不正受給で最悪逮捕ということになりかねません。

故人が年金受給者の場合は、**不正受給**にならないよう、受給停止の手続きをとらなければなりません。そのため厚生年金は死亡後10日以内、国民年金は14日以内に「年金受給権者死亡届（報告書）」を提出する必要があります。**ただし、日本年金機構にマイナンバーが収録されている人は、役所への死亡届の提出をもって情報が年金事務所にも共有されるため、あらためて届け出る必要がありません。**

年金受給権者死亡届を提出する

提出にあたって押さえておきたいこと

・提出期限は厚生年金が死亡後10日以内、国民年金が14日以内

・死亡届に年金証書と死亡が確認できる書類を添えて提出

・日本年金機構にマイナンバーが収録されていれば届け出は省略可

故人のマイナンバーが収録されているかどうかわからないときは、年金事務所に確認をとりましょう。

年金を停止する流れとしては、年金受給権者死亡届に故人の死亡年月日、基礎年金番号と年金コード、生年月日などを記入。これに年金証書と死亡が確認できる書類（死亡診断書のコピーなど）を添えて、年金事務所または年金相談センターに提出しましょう。なお、**故人が障害基礎年金、遺族基礎年金のみを受給していた場合は、役所が提出先となります。**

気づかず不正受給していたケースも

04 世帯主の変更は 14日以内に行う

一家の大黒柱ともいえる世帯主が亡くなった場合には、14日以内に新しい世帯主を決めて変更手続きを行う必要があります。

故人が世帯主だった場合、世帯主の変更をしなければなりません。 世帯主は主にその世帯の生計を担っている人で、行政手続きを行う際の代表者でもあります。社会的に世帯の顔として認知される立場ですが、経済的に自立した成人でなければならないという決まりはありません。夫が亡くなったら自動的に妻が世帯主に決まるわけでもなく、**15歳以上であれば所得に関係なく誰でも世帯主になれます。**

世帯主になった人がやること

世帯主を決めなきゃならないんだって

働いているし、あなたでいいでしょう？

変更届を出していただきます

15歳以上であれば誰でも世帯主になれます。

住民異動届でいいんですよね？

役所に行くのは代理人でもいいって

世帯主を変更するには住民異動届を提出します。

やること多いし郵送で済ませたいけどダメだよね？

郵送は不可ですが、委任状を持った代理人でも手続き可能です。

世帯主の変更は故人の死亡後14日以内が期限。「住民異動届」という書類を提出して変更します。提出先は居住自治体の役所で、書式は自治体ごとに異なります。郵送は原則として不可なので注意しましょう。申請できるのは新しく世帯主になる人、もしくは同じ世帯の人。手続きには窓口に行く人の本人確認書類と印鑑、加入している場合は国民健康保険証が必要です。

世帯主を変更する必要がないケース

その世帯に
誰もいなくなった場合

ひとり暮らしの男性が
亡くなったんだって

世帯に残ったのが
1人だけの場合

世帯主以外の家族が
死亡した場合

届け出は必要
ないんですか？

世帯主は
変わりませんので

世帯に残った家族が
1人を除き15歳未満の場合

子どもが大きくなるまで
頑張らなきゃ

05 運転免許証は返納したほうがいい

故人の運転免許証の返納は義務ではありませんが、
悪用を避けるため返納しておくのが無難です。

高齢ドライバーの運転免許証の自主返納が一般的になってきました。とはいえ、**故人の免許証については返納の義務はありません**。何らかの費用を請求されることもなく、期限が来れば自動的に失効するものです。ただし**運転免許証更新連絡書などの通知は引き続き届きますし、悪用の危険もあります**。余裕があれば、折りを見て返納手続きをとったほうがいいでしょう。

運転免許証の返納手続き

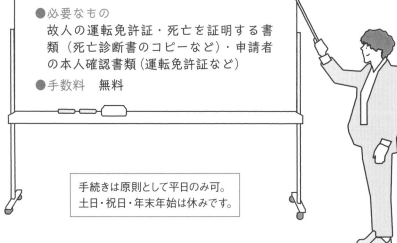

- ●手続きの場所
  故人の住所地を管轄する警察署、運転免許センター、運転免許試験場
- ●必要なもの
  故人の運転免許証・死亡を証明する書類（死亡診断書のコピーなど）・申請者の本人確認書類（運転免許証など）
- ●手数料　無料

手続きは原則として平日のみ可。
土日・祝日・年末年始は休みです。

運転免許証について返納期限は設けられていません。手続きは任意のタイミングで、故人の住所地を管轄する警察署や運転免許センター、運転免許試験場に出向いて行います。手続きに必要なものは故人の運転免許証、亡くなったことを証明する書類（死亡診断書のコピー、住民票の除票など）、申請者の本人確認書類（運転免許証など）です。手数料は無料となっています。

免許を返納しないと悪用されることも

悪用されるリスクを避けるため、できれば故人の免許証は返納しておきましょう。

06

電気・水道・ガスの変更手続きを忘れない

生活インフラは放置しておくと料金を請求され続けます。
名義変更にしろ解約にしろ、早いうちに手続きを済ませましょう。

電気・水道・ガスといった生活インフラは、実質的には個人ではなく世帯に紐づくもの。したがって、**今後故人の家に誰も住まず、生活インフラを使用しないケースを除き、解約ではなく契約者の変更手続きを行います。**この手続きに、特に期限はありません。ただ、継続的に使用料の請求は発生するため、しばらく故人名義のままにしておくのなら注意が必要でしょう。

名義変更が必要なケース

思い出の多い
家だから
僕が住もうかな

早いとこ
名義変更
しないとな

契約者が亡くなり
空き家になる家を継ぐとき

同居の契約者が
亡くなったとき

契約の変更は、電話やインターネットから申し込み可能です。

解約も契約者変更も、基本は電話で行います。ポスト投函される利用明細など
に連絡先が記載されているので、そちらに問い合わせてみましょう。現在は
インターネットでも一部手続きが可能です。**いずれの場合もお客様番号が必
要なため、番号の記載のある利用明細は手元に置いておくように。**なお、解約
時に支払う故人の未払いの使用料は、相続債務に含まれます。

解約するときに覚えておきたいこと

これで
閉栓作業は
終わりです

ご苦労さま
でした

水道代の請求が
来ているわよ

やばい。
解約を忘れていた

業者の作業に誰が立ち
会うか、ほかの相続人
と相談が必要です。

未精算料金は、
相続債務になる
ので忘れずに。

電気の解約は、家の
片づけが済んでから
にしましょう。

電気はもう
止めちゃったんだ……

07 クレジットカードの解約手続きを行う

個人に帰属するクレジットカードは、契約者を変更して使い続けることができません。保管する意味はないので解約しましょう。

故人が遺した権利の多くは名義（契約者）変更が可能です。しかし、クレジットカードは例外。**権利が特定の個人に帰属するので、契約者を変えることはできません。解約手続き**が必須です。やり方は各クレジットカードで異なるため、発行会社に連絡して個別に対応することになります。手続きが電話で完結することはまずなく、必要書類を後送することになるので、事前に故人の情報を把握しておきましょう。

クレジットカード解約時のポイント

●解約時の留意点
・契約者変更ができない→解約が必要
・解約方法は発行会社ごとに異なる
・解約は電話受付の場合が多い
・必要書類の送付が必要

●必要書類
・退会届などの各種届出書（所定の書式）
・契約者の死亡が確認できる書類
（戸籍謄本、死亡診断書のコピーなど）

契約者の死亡が確認できる書類は、相続のさまざまな場面で必要です。十分な数を用意しておきましょう。

必要な書類も発行会社によって異なります。契約者の死亡の事実が確認できる書類（戸籍謄本、住民票の除票、死亡診断書のコピーなど）はマスト。あとはガイダンスに従い、退会届をはじめとした所定の書類をそろえたら発行会社に送りましょう。**故人が使ったクレジットカードの未払い分も、相続人に支払い義務があります**。光熱費同様、これも相続税の計算の際は相続債務として控除の対象になります。

マイルは相続できるので手続きを忘れずに

クレカのポイントは
相続NGみたいだけど

マイルは相続
できるみたいよ

死亡日から
180日以内に
お手続きください

法定相続人は所定の手続きにより、会員のマイル口座に残る有効なマイルを相続することが可能です（JAL規約より）。

お手続きは
ANAカード退会後に
お願いします

法定相続人は、会員が積算していたマイルを、所定の手続きが完了した時点で有効な範囲で承継することができます（ANA規約より）。

One point

遺言書がある場合、そこで指定された受遺者は、法定相続人でなくてもマイルを相続することが可能です。

08 故人のスマホは すぐには解約しない

スマホには故人の情報が詰まっています。料金は生じますが、相続手続きが一段落するまで解約は待ちましょう。

故人の**スマホ**も、キャリア（通信事業者）に通知しなければ契約は続きます。つまり利用料金がかかり続けるので、早めに解約したいところです。ただ、**各種のログイン情報や連絡先など、スマホはあらゆる個人情報の宝庫**。相続手続きを進めるなかで、故人について知らなければならないことが次々と出てくる状況で、これを失うのはリスクの高い行為です。解約は少しだけ待ちましょう。

大切な情報をピックアップしよう

解約により以下のデメリットが生じます。大切な情報をピックアップしてから解約しましょう。

・各種のログイン情報が消える
　→相続に必要な故人の
　　情報がわからなくなる
・登録された友人や知人の連絡先も消える
　→死亡の通知ができなくなる

契約者が亡くなっても、キャリアがそれを把握しない限りスマホを使い続けられます。解約するにしてもタイミングを遅らせましょう。

どのキャリアも、**名義変更して家族が使い続けることも可能です。**一方、相続手続きが一段落して解約したいとなったとき、**ドコモ、au、ソフトバンクの3大キャリアはショップでの手続きが原則。その際、解約できるのは故人の家族や代理人のみです。**また、データのバックアップをとっておくと安心でしょう。ちなみに、死亡による解約は違約金・解約金がかかりません。

解約するとき気をつけたいこと

電話がつながらないから直接来たぞ

しまった。さっさと解約しちゃった

なんか違約金をとられちゃったよ

ちゃんと契約者が亡くなったって伝えた？

携帯電話を解約すると、その電話番号は使えなくなります。

死亡による解約は違約金・解約金が発生しません。しっかり理由を伝えましょう。

スマホの請求書が転送されてきたわよ

スマホは分割で買ってたのか！

解約理由に関係なく、スマホの残債や未払い料金は請求されます。

現在の世相での
失敗しない
葬儀社選びのポイント

　コロナ禍に見舞われた2020年以降、葬儀の在り方は変化しました。それまでのような大規模な葬儀が見直され、通夜の省略や少人数で執り行う家族葬が一般的になってきたのです。とはいえ、葬儀を取り仕切るのが葬儀社であることに変わりはありません。そんな世相のなかでの葬儀社選びのポイントは、じつはいくつか存在します。

　家族が入院中に亡くなると、病院が提携している葬儀社を紹介してくれる場合がありますが、これは少し検討したほうがいいかもしれません。昔から葬儀に関するビジネスには紹介料の文化があり、葬儀社から病院にキックバックが支払われているケースが少なくないからです。当然、葬儀社は利益が減るので、担当者を経験のない新人社員にしたり、高額なサービスのオプションをつけようとしたりする場合もあります。

　近年は、インターネットで葬儀社の名称と「口コミ」や「評

判」というワードを一緒に入力して検索すると、その葬儀社の実情が見えてくるので、選ぶ際に便利です。また、すでに葬儀を経験したことのある信頼のおける知人に紹介してもらうという方法も、選択肢としては無難かもしれません。

　葬儀前は誰もが精神的に弱っている状態ですから、高圧的な態度をとられると、つい相手のいいなりになってしまいがち。しかし、遺族に明確な希望がある場合や故人の遺志を通したい場合は、流れ作業のように葬儀社に依頼するのではなく、きちんと相手を選択することが重要です。

　その際チェックしておきたいのが、葬儀社の契約前後の態度です。「契約を急がせる」「サービスのオプションをつけないと、契約後に態度が変わる」ような会社には注意しましょう。

　また、費用を抑えるために家族葬を選択した場合、参列者が少なくなるので当然ながら御香典も減ってしまいます。そうなると、最終的な収支がマイナスになることがあるので気をつけましょう。さらに、家族葬では自宅への弔問客が増える可能性があり、その分手間が多くなってしまうことも予測しておくべきです。

Chapter

3

🔍

ENMAN SOUZOKU NO KOTSU
mirudake notes

故人の遺産を
把握する①

相続の事前準備を進めるには、まず遺産を把握しておくことが必須です。土地や不動産、預貯金、負債というマイナスの財産など、どんな形の遺産がどれくらいあるのか。それらをちゃんと知ったうえで、それぞれに合った手続きを行いましょう。

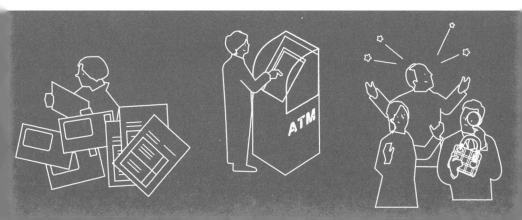

01 遺言書の扱いには注意が必要！

遺言書が発見されたら、まずどうするべきでしょう？
不用意に開封した場合は相続できなくなることもあります。

遺言書には法的な拘束力があるので、円満な相続のために早期にその有無を確認します。もし見つけても、その場で開封するのは厳禁。**内容改ざんの疑いがかかってトラブルになるうえ、故意に開封すると法律違反で罰金の対象です。**故意でないなら、遺言書の効力がなくなることはありませんが、遺言書を破棄したり、隠したりした場合は、相続の権利を失う可能性があります。

遺言書の種類は3つ

1 自筆証書遺言（自宅保管 or 法務局保管）
　遺言者本人が全文を自筆で作成した遺言書。押印や日付の記載が必須。

2 公正証書遺言（公証役場保管）
　2人の証人の立ち会いのもと、公証人が遺言の内容を聞いて、遺言者の代わりに作成した遺言書。

3 秘密証書遺言（自宅保管）
　公証人と2人以上の証人に遺言書の存在を証明してもらいつつ、本人以外は内容が見られない遺言書。

自宅保管の自筆証書遺言と、秘密証書遺言は検認が必要になります。

遺言書は家庭裁判所にて相続人の立ち会いのもとに開封し、記載方式の有効性を検証する「**検認**」が行われます。検認によって遺言書の存在・内容が全相続人に周知されるので、遺言書の偽造や変造を防止するためにも有効な調査・手続きです。ただし、**法務局保管の自筆証書遺言と公証役場保管の公正証書遺言は改ざんの可能性がないため、検認の必要はありません。**

検認の申し立ての方法とは？

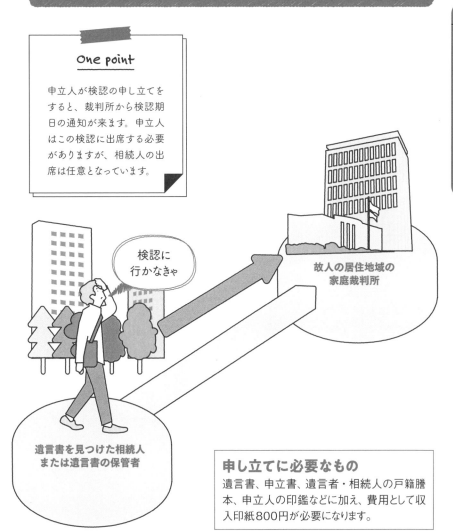

One point

申立人が検認の申し立てをすると、裁判所から検認期日の通知が来ます。申立人はこの検認に出席する必要がありますが、相続人の出席は任意となっています。

検認に
行かなきゃ

故人の居住地域の
家庭裁判所

遺言書を見つけた相続人
または遺言書の保管者

申し立てに必要なもの
遺言書、申立書、遺言者・相続人の戸籍謄本、申立人の印鑑などに加え、費用として収入印紙800円が必要になります。

02 遺言執行者選びが円満相続の秘訣

遺言書の内容に沿って、実務を行うのが遺言執行者の役割。
選任しておくと相続の手続きが円滑に進められます。

遺言者が遺した内容を実現するには、各種の手続きを行わなければなりません。相続人のうちの誰かが行うケースも見られますが、調査などに時間がかかるうえ、専門知識も必要です。相続人同士の不要な争いを避けるためにも、**第三者である弁護士といった専門家を選任することがスムーズな相続のカギ**。なお、遺言者が執行者を指定しているなら、その人が遺言実現の義務と権利を担います。

遺言執行者が行う内容

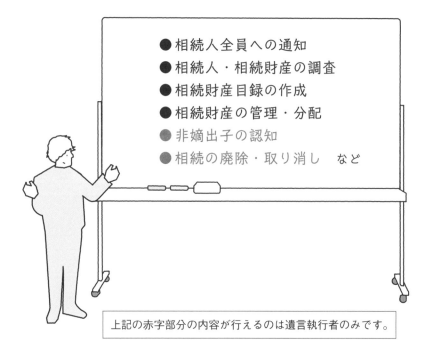

- ●相続人全員への通知
- ●相続人・相続財産の調査
- ●相続財産目録の作成
- ●相続財産の管理・分配
- ●非嫡出子の認知
- ●相続の廃除・取り消し　など

上記の赤字部分の内容が行えるのは遺言執行者のみです。

遺言執行者がいなくても、相続の手続きを行うことは可能です。しかし、遺言に基づく「非嫡出子の認知」と「相続の廃除・取り消し」は、遺言執行者だけの権利なので注意しましょう。**未成年者や破産者以外なら執行者として選任することができ、複数人いてもOKで法人を執行者にすることもできます。**また、この選任は利害関係のある相続人などが家庭裁判所に申し立てることで行えます。

遺言執行者の選任はどうするべきか

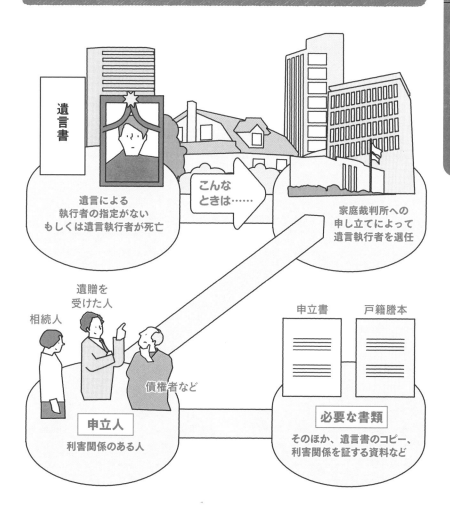

遺言書

遺言による
執行者の指定がない
もしくは遺言執行者が死亡

こんな
ときは……

家庭裁判所への
申し立てによって
遺言執行者を選任

相続人

遺贈を
受けた人

債権者など

申立人
利害関係のある人

申立書　　戸籍謄本

必要な書類
そのほか、遺言書のコピー、
利害関係を証する資料など

03 銀行口座を凍結して トラブルを避ける

まずは故人の全口座を把握するところからスタート。
次に現在の正確な口座残高を把握しましょう。

預貯金の分散や、引き落としの都合などから、複数の銀行口座を持つ人は多いのではないでしょうか。家族でも保有する口座をすべて把握していることはまれですが、相続では被相続人の全財産を確認する必要があります。**遺品整理の際は、故人のキャッシュカードや通帳、金融機関からの郵便物といったものから保有口座を特定しましょう。**確定申告をしていれば、申告書に口座が記載されている場合もあります。

故人の口座の見つけ方

- ●遺品整理のときに探す
  キャッシュカード・通帳・金融機関からの郵便物を確認する
- ●金融機関に問い合わせる
  自宅・勤務先の最寄りの金融機関に問い合わせる

メールや履歴から口座が判明することもあります。

口座名義人の死亡を連絡すると、金融機関はその時点で口座を**凍結**します。窓口や ATM での入出金、公共料金の自動引き落としなどがストップ。万が一、相続人の誰かが勝手にお金を引き出さないとも限らないので、**口座を凍結して自由にお金を引き出せなくすれば、使い込みなどのトラブルを未然に防げます**。また、死亡を知らせる際、残高証明書の発行を請求しましょう。

銀行の口座凍結と残高証明書発行の手順

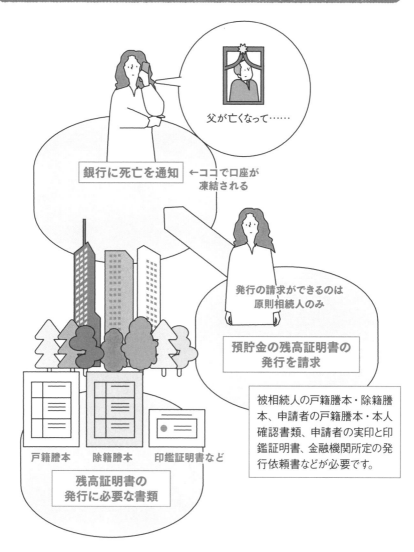

父が亡くなって……

銀行に死亡を通知 ←ココで口座が凍結される

発行の請求ができるのは原則相続人のみ

預貯金の残高証明書の発行を請求

被相続人の戸籍謄本・除籍謄本、申請者の戸籍謄本・本人確認書類、申請者の実印と印鑑証明書、金融機関所定の発行依頼書などが必要です。

戸籍謄本　　除籍謄本　　印鑑証明書など

残高証明書の発行に必要な書類

04 マイナスの財産がないか 調べることも大切

故人の借金も相続の対象!? 慌てないためにも
借入金や未払金の有無をしっかり確認しておきましょう。

相続財産は、プラスの価値があるものばかりとは限りません。住宅ローンなどの借入金や、未払いの税金・医療費といった**マイナスの財産**も相続の対象。故人にマイナスの財産があるかどうかをきちんと調べましょう。**もし故人が何らかの連帯保証人になっていたら、もともとお金を借りていた主債務者が返済不能になった場合、借金元金や利息、違約金などの支払い義務を負います。**

マイナスの財産にはこんなものがある！

借金

住宅ローン・カードローンなどの残
高、家族・知人からの借金など

未払金

税金、医療費、公共料金、
賃借料、通信費など

連帯債務・保証債務

債権者

主債務者

返済不能

連帯保証人

支払い義務発生

相続の対象ではない
債務もあるので、
専門家に相談を！

被相続人が連帯保証人になっ
ている場合に発生し得る、借金
元金、利息、違約金など

68

マイナスの財産を引き継ぐと、相続を放棄しない限り、相続人に借金の支払い義務が生じます。特に故人が事業家だった場合、事業関連で連帯保証人になっている可能性もあるので、故人の自宅・会社内をくまなく確認しましょう。マイナスの財産を確認せずにいると、あとから想像以上の債務を負担する恐れもあります。**相続が発生後、負債があれば早めに専門家に相談し、対策を講じるのが最善の方法です**。

借金の有無をしっかりリサーチ

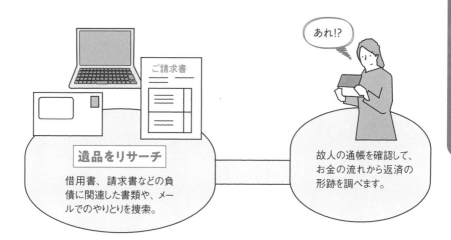

あれ!?

遺品をリサーチ
借用書、請求書などの負債に関連した書類や、メールでのやりとりを捜索。

ご請求書

故人の通帳を確認して、お金の流れから返済の形跡を調べます。

●**指定信用情報機関に問い合わせる**
CIC（株式会社シー・アイ・シー）
https://www.cic.co.jp
JICC（株式会社日本信用情報機構）
https://www.jicc.co.jp
KSC（全国銀行個人信用情報センター）
https://www.zenginkyo.or.jp/pcic/

ネット銀行へ
問い合わせるときは
カスタマーセンターへ

05 故人の預貯金は口座を凍結後でも引き出せる

銀行口座の凍結解除には2〜3週間以上かかるため、
お金が必要な場合は仮払い制度を利用するのがおすすめです。

口座の名義人の死亡を連絡すると、金融機関によって口座が凍結され、入出金や振り込みなどができなくなります。故人の口座から葬儀費用を引き出せないと困るな、と心配する方もいるかもしれませんが、口座凍結は解除可能です。**全相続人の合意のうえで、相続届や戸籍謄本などの必要書類を金融機関に提出すれば、凍結が解除されて、口座を解約して預貯金の払い戻しを受けたり、口座名義を相続人に変更したりすることができます。**

口座凍結の解除までの流れ

1. 銀行に口座凍結解除を依頼
↓
2. 口座凍結解除に必要な書類を収集
↓
3. 銀行に必要書類を提出
↓
4. 口座凍結の解除

解除後は、口座を解約して払い戻しを受けたり、
口座名義人を変更したりすることが可能です。

さらに、凍結された口座から払い戻しできる「**仮払い制度**」というものもあります。**複数の相続人がいて全員の合意を得られない場合でも、単独で払い戻しを受けられる制度です**。払い戻しを請求するには、申請書や戸籍謄本、印鑑証明書といった書類の提出が必要。ただし金額には上限があり、払い戻しを受けた金額分は相続額から差し引かれます。使い道を明確にして、不要なトラブルは避けましょう。

仮払い制度は上限金額が設定されている

仮払い制度の上限は150万円です。故人の預貯金に、払い戻しを受ける人の法定相続分をかけ、さらに3分の1をかけて算出された金額と150万円を比較し、より低い方の金額が払い戻されます。

金融機関所定の申請書（請求書）、相続人全員＋故人の戸籍謄本、払戻金を受け取る相続人の印鑑証明書。

※金融機関によって提出書類が異なる場合もあります。

06

葬儀費用を軽減する給付金がある

葬儀埋葬費用を補助する給付金の埋葬料と葬祭費。
似た意味合いの2つの違いをきちんと理解していますか？

埋葬料と**葬祭費**は、ともに葬儀埋葬費用の補助金。故人が健康保険の被保険者なら埋葬料、国民健康保険または後期高齢者医療保険の被保険者なら葬祭費となります。**申請することで、どちらか一方の給付を受けることが可能です。**なお、埋葬料と似た「埋葬費」とは故人に親族などの生計をともにする埋葬料の受取人がいない場合、埋葬を行った人に給付される補助金のことです。

埋葬料と葬祭費の違い

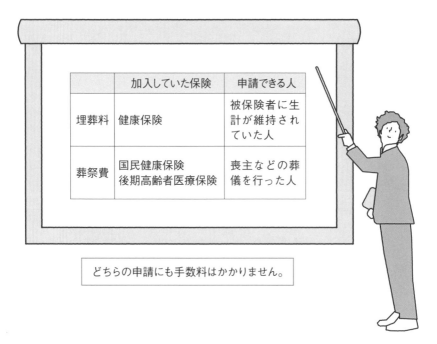

	加入していた保険	申請できる人
埋葬料	健康保険	被保険者に生計が維持されていた人
葬祭費	国民健康保険 後期高齢者医療保険	喪主などの葬儀を行った人

どちらの申請にも手数料はかかりません。

埋葬料は一律5万円の給付で、申請先は故人の加入していた健康保険組合。**故人によって生計が維持されていた人であれば、親族でなくとも、同居していなくとも、申請することができます。生計の維持を証明するため、継続的な生活費の振り込み記録などを提出しましょう。**葬祭費の申請先は故人の居住していた自治体の役所で、給付される金額は3万～7万円です。また申請に必要な書類は、自治体によって異なります。

給付金の申請時に用意する書類

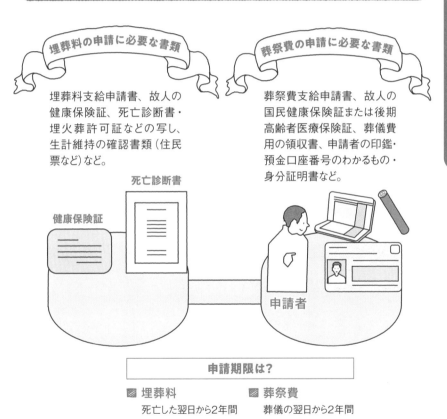

埋葬料の申請に必要な書類

埋葬料支給申請書、故人の健康保険証、死亡診断書・埋火葬許可証などの写し、生計維持の確認書類（住民票など）など。

葬祭費の申請に必要な書類

葬祭費支給申請書、故人の国民健康保険証または後期高齢者医療保険証、葬儀費用の領収書、申請者の印鑑・預金口座番号のわかるもの・身分証明書など。

死亡診断書

健康保険証

申請者

申請期限は？

☑ 埋葬料
死亡した翌日から2年間

☑ 葬祭費
葬儀の翌日から2年間

> 故人によって生計が維持されていた人であれば、親族でなくとも、同居していなくとも、申請することができます。生計の維持を証明できる記録を提出しましょう。

07 遺された家族を守る 遺族年金の手続き

中心となって生活を支えていた家族が亡くなった場合、
遺族が受けられる制度について解説していきます。

遺族の生活を維持するために支給される**遺族年金**には、遺族基礎年金と遺族厚生年金の2種類があります。**故人が自営業などで国民年金に加入していたら、遺族への支給は遺族基礎年金。故人が会社員などで厚生年金に加入していたら、遺族は遺族基礎年金と遺族厚生年金の両方を受け取れます。**支給には受給要件があり、家族構成や年齢などによって受取額が変わってきます。

受け取れる遺族年金は何？

故人が加入していた年金は？

国民年金 → 遺族基礎年金

厚生年金 → 遺族基礎年金 ＋ 遺族厚生年金

厚生年金加入者の遺族は両方の年金が受給可能。

遺族基礎年金のポイントは、子どものいない配偶者には支給されない点です。 また子どもがいる場合、人数に応じて加算されて末子が18歳になる年度末まで受け取れます。一方、遺族厚生年金は、妻・子ども・夫・父母・孫・祖父母のなかで優先順位の高い人に支給。遺族厚生年金は子どもがいない配偶者にも支給されますが、30歳未満の妻の場合は支給期間が5年間です。

受け取れる条件は何？

遺族基礎年金の支給条件

- 18歳未満の子どものいる年収850万円未満の配偶者
- 18歳までの子ども（2級以上の障がい状態なら20歳まで）

遺族厚生年金の支給条件

- 妻・子ども・夫・父母・孫・祖父母のなかから年収850万円未満で、優先順位の高い人
- 子どもは18歳まで（2級以上の障がい状態なら20歳まで）
- 夫は妻の死亡時に55歳以上

遺族基礎年金の支給は子の有無で決まります

08 生命保険金の受け取りは遺産に該当しない

民法に保険受取人の固有財産と認められている生命保険金。
遺産分割協議の対象外なので、相続対策として活用できます。

原則的に故人の財産はすべて相続人全員の同意のもと、遺産分割協議で分配されます。ただし**生命保険金は遺産ではないので、受取人はほかの相続人に知らせることなく、受け取ってもOK**。預貯金や不動産といった遺産はほかの相続人に隠していたら、トラブルになって遺産分割協議が無効となることもありますが、生命保険なら問題ありません。

生命保険の相続対策メリット・デメリット

メリット

・遺産分割協議の対象外
・希望する相手にお金を遺せる
・相続放棄をしても受け取ることができる

デメリット

・途中解約すると払戻金は減額される
・法定相続人ではない人が受け取ると、非課税枠は適用されない

生命保険金

途中での解約はNG!

相続で特定の相手にお金を遺す方法には遺言書がありますが、遺言書は相続人全員が確認します。その点、**生命保険の場合は、受取人を指定するだけで遺言書に書かなくても、渡したい人にお金を確実に遺すことができるのです。**とはいえ故人の財産を確認する際、通帳履歴や保険証券などから生命保険の存在を周囲に知られる場合もあります。

こんなときはどうなる？

相続人のなかでひとりのみ
生命保険金の受取人の場合

生命保険金

原則は受取人固有の財産なので、遺産ではない

遺産
＋
生命保険金

遺産

遺産

遺産

生命保険金

遺産

しかし！
受取額によっては
相続人間で不公平が発生

公平性を保つため、
受取人にほかの遺産の相続を
制限するケースも

09 故人の所得税の申告は相続人の役目

収入があった故人なら、生前の所得に対する申告が必要なので、
相続人が代わりに申告・納税を行うことになります。

会社員やパートなどの給与所得者なら、会社で年末調整を行うため、故人で
も確定申告は必要ありません。しかし、故人に事業所得や不動産所得があっ
た、給与以外の収入が20万円以上あったなどの場合は申告が必要になり、
それを**準確定申告**と呼びます。**相続人は相続の開始を知った日の翌日から4カ
月以内に申告・納税をしなければならないので、早めに準備をはじめましょう。**

準確定申告について知りたい！

●届出人
　相続人全員
●提出先
　被相続人の住所地を管轄する税務署
●必要書類
　確定申告書、確定申告書付表、源泉徴
　収票など

税務署へは持参、郵送、電子申告 (e-Tax) で提出します。

準確定申告では相続人全員に申告義務が生じます。複数の相続人がいる場合、個々に準確定申告する方法と、代表者を選び書類作成を委任して連署する方法があります。また、1月1日から3月15日までに前年の確定申告をしないまま亡くなった際は、前年分と本年分の申告が必須。ちなみに、**必要な準確定申告を行わないと、無申告加算税がかかる場合があります。**

こんな場合には準確定申告を忘れずに

必要な場合

・事業所得や不動産所得があった
・給与・退職金以外に20万円以上の収入があった
・2,000万円以上の給与を得ていた
・複数から給与を得ていた
・公的年金額が400万円を超えていた
　　　　　　　　　　　　　　など

申告したほうがいい場合

・生前に高額な医療費を支払った
・扶養控除・寄付控除などの控除を受けるとき
・年金所得者などで源泉徴収された所得税があるとき

　　　　　　　　　　　　　　など

準確定申告書

年金
450万円

控除を受けるなら申告が必要

税務署

Column 03

仏壇やお墓は
遺産には含まれない
特別な祭祀財産

　遺産相続は、法定相続人が行う遺産分割協議や、被相続人である故人の遺言書に従うことで決まりますが、受け継がれるもののなかに「祭祀財産」というものがあります。これは、故人が生前から所有していた「祭具」の仏壇や位牌、故人の遺体や遺骨を葬る際に用いる「墳墓」のお墓や墓石のことです。また、先祖からの血縁関係を記載した家計図も遺産ではなく、この「祭祀財産」にあたります。

　これらは特別な財産として、祭祀主宰者となった人が単独で承継することが可能です。

　祭祀主宰者は、故人が遺言や口頭で指定した人物という決まりがありますが、指定がないときには相続人全員の同意があれば友人や親族も祭祀主宰者になれます。また、地域に慣習がある場合はそれに従いますが、明確な基準はないので、基本的には相続人同士の話し合いで決めることになります。

それでも決まらない場合は、家庭裁判所の決定に委ねることになりますが、祭祀主宰者に誰がなるかという法的争いが起きた場合、裁判所は故人の生前の生活状況を考慮し、生きていたら指定したであろう緊密な関係にあった人物を承継者として判断するようです。

　また、祭祀主宰者は相続人から選出されることが一般的ですが、相続の有無とは関係なく、故人との関係性の深さを重視する場合もあります。たとえば一緒に生活していた内縁関係の人物です。

　ちなみに、法定相続人が相続を放棄する場合でも、遺骨やお墓、位牌は相続の対象外なので祭祀主宰者が承継できます。ただし墓所の所有権は個人にはなく、あくまで霊園や寺院から借りているだけなので、原則として売却はできません。なお、近年注目される「墓じまい」は、お墓を撤去して土地を所有者に返還することです。

Chapter

4

ENMAN SOUZOKU NO KOTSU

mirudake notes

故人の遺産を
把握する②

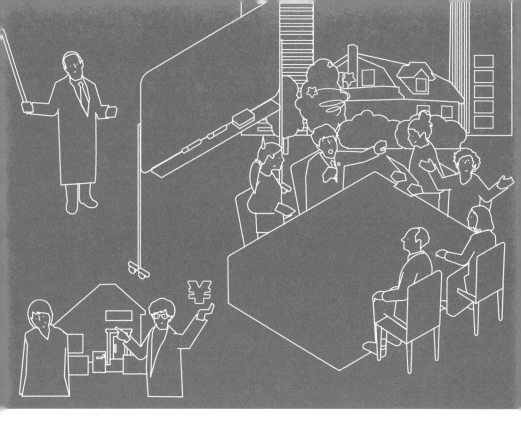

本Chapterでは、前Chapterに引き続き、遺産の把握について解説。故人が貸金庫を持っていたり、負債を抱えていたりしたときの対処法なども取り上げています。あとで後悔しないために、できる限りの準備・対処を進めていくことが肝心です。

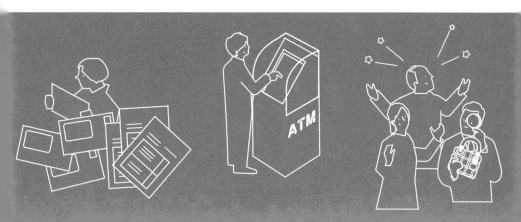

01 故人がもらえるはずだったお金について知る①

故人が受け取れるはずだったお金もあります。
しっかりと請求して受け取るようにしましょう。

故人の財産を把握するうえで忘れてはいけないのが、**未支給年金**です。年金は原則的に年6回に分けて、偶数月の15日に支払われますが、**「4〜5月分はまとめて6月に支給」というように、その前の2カ月分をまとめて後払いします。**そのため、年金受給者が亡くなると未支給年金が発生。たとえば5月に亡くなった場合、支払われるべき4〜5月の年金が支払われていません。

もらえるはずだった年金がもらえていない

年金は2カ月分
まとめての後払い
→年金受給者が亡くなった場合、
　未支給年金が発生する

原則、偶数月に亡くなった場合は1カ月分が未支給、
奇数月に亡くなった場合は2カ月分が未支給となります。

未支給年金は、年金事務所に未支給年金請求書を送って請求の手続きをしないと支払われません。 また未支給年金を受け取れるのは、故人と生計をともにしていた人です。たとえ遺産の相続人であっても、生計が同じでないと受け取れません。なお、受け取りの優先順位は、配偶者→子→父母→孫→祖父母→兄弟姉妹→3親等以内の親族です。

基本的に生計が同じでないと受け取れない

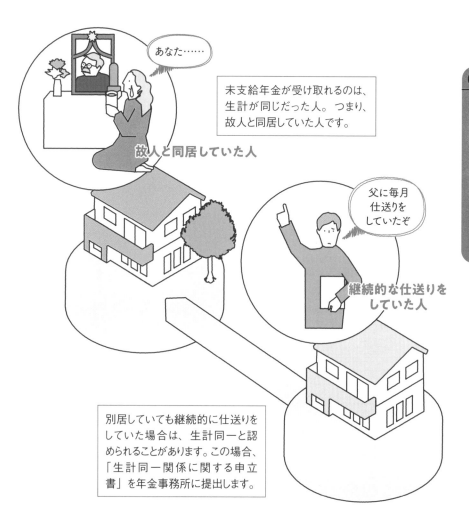

あなた……

未支給年金が受け取れるのは、生計が同じだった人。つまり、故人と同居していた人です。

故人と同居していた人

父に毎月仕送りをしていたぞ

継続的な仕送りをしていた人

別居していても継続的に仕送りをしていた場合は、生計同一と認められることがあります。この場合、「生計同一関係に関する申立書」を年金事務所に提出します。

02 故人がもらえるはずだった お金について知る②

一定金額を超えた医療費は払い戻されます。故人が受け取れるはずだった医療費がないか把握しておきましょう。

故人がもらえるはずだったお金としては、**高額療養費**もあります。重い病気にかかった場合に患者の経済的な負担を軽くするための制度が、高額療養費制度です。**医療費の自己負担額が一定の金額を超えた場合、請求することで超えた分が払い戻されます**。故人がこの高額療養費制度に適応するケースだったなら、相続人は支給されるはずだったお金を受け取ることができます。

支払われるはずだった高額療養費

故人が受け取れた高額療養費は相続人が受け取れる

高額療養費の上限は、年齢や所得の状況で細かく分類されます。

高額療養費を受け取るには、役所の担当窓口に申請しましょう。申請する際は、戸籍謄本など故人との続柄がわかる書類と病院に支払った料金の領収書が必要となります。**高額療養費を受け取れる権利は2年で消滅するので、2年以内に手続きしてください。**なお、高額療養費は遺産分割協議の対象になるほか、相続後に高額療養費を受け取った場合は相続税の対象となります。

高額療養費は遺産分割協議の対象

戸籍謄本

領収書など

2年以内にね

お願いします

承知しました

書類をそろえる

役所の担当窓口で申請

父さんの
高額療養費を
受け取ったよ〜

相続後に
受け取ると
相続税がかかるため
要注意!

相続人で分け方を話し合う

03 故人の貸金庫を開けるための対処法は？

貴重品を保管できる貸金庫。利用者が亡くなって相続が発生した場合、開けるためには手続きが必要となります。

銀行などの金融機関が行っているサービスのひとつに**貸金庫**があります。貴重品や重要書類などを金庫内に保管できるサービスで、利用者は保管品を自由に出し入れできます。**故人が貸金庫を利用していた場合、相続人が貸金庫を開けられるかどうかは条件によって変わってきます。**相続が発生する前であれば、代理人なら貸金庫を開けることが可能です。

相続発生前は代理人が貸金庫を開けられる

相続前であれば代理人が貸金庫を開けることができます。

相続が発生したあとは、相続人や代理人が貸金庫の中身を勝手に着服できないよう、貸金庫を開けるのに相続人全員の同意が必要となります。 手続きの際は、故人の戸籍、相続人の戸籍、相続人の印鑑証明、貸金庫の鍵、銀行所定の同意書などを用意しなければいけません。ですが、遺言書で貸金庫を開ける人を指定しておけば、ほかの相続人の同意なしでも開けることができます。

相続発生後は相続人全員の同意が必要

04 故人が持っていた株や投資信託がないか探す

故人が株や投資信託などの金融商品を持っていた場合、遺言の有無によってとるべき方法が変わります。

株や投資信託などの**金融商品**を故人が持っていたかどうかも調べなければなりません。金融商品の取引のためには証券会社の口座が必要となるので、まずは口座を開設した際の書類がないか探しましょう。口座を開いた証券会社からの案内メール、投資先の企業が出す四半期報告書なども探してください。**配当金が振り込まれていないか、通帳をチェックするのも大事です。**

まずは証券会社の痕跡を探す

証券会社の口座をつくっていないか

証券会社からメールが来てないか

証券会社からの書類や郵便物がないか

金融商品の取引のためには証券会社で口座を開く必要があるので、そうした痕跡がないかをまずは調べましょう。

故人が株や投資信託などを所有していたことがわかった場合、遺言の有無によって対応が変わります。遺言で株などを引き継ぐ人が決まっている場合は、証券会社で名義変更の手続きをします。一方、**遺言がない場合は、証券会社に金融商品の残高証明書を発行してもらい、その残高の金額をもとに相続人全員で話し合って遺産分割協議書を作成します。**

遺言の有無でやるべきことが変わる

遺言がある場合

相続人は僕だ

よろしくお願いします

口座の名義を変更しますね〜

遺言で相続人が決まっている場合、証券会社の窓口で名義変更の手続きをします。

遺言がない場合

何も書いてないな

残高証明書をください

現金化してみんなで分けよう

遺言がない場合、証券会社に金融商品の残高証明書を発行してもらい、その金額をもとに相続人で遺産分割の話し合いをします。

05 故人所有の家や土地の調べ方を知っておく

故人が不動産を所有していたかどうかを調べる場合、不動産の権利証や登記資料などの書類を見つけることが重要です。

故人が不動産を所有している場合、権利証や登記資料を持っているはずなので、まずはそういった書類を探しましょう。また、**役所からは毎年、固定資産納税通知書が送られてくるので、それも探してください**。役所に申請すると、所有者ごとに不動産をまとめた名寄帳を取得できますが、その役所の担当エリアのものしかわからないので手間がかかります。

不動産を一括で調査できる機関はない

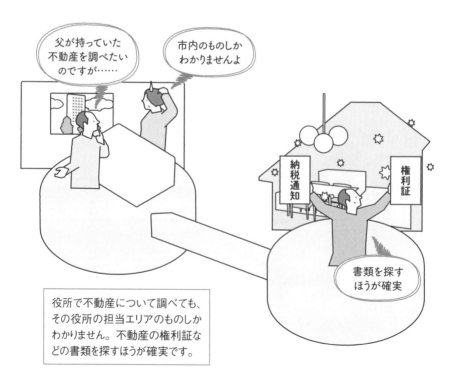

父が持っていた不動産を調べたいのですが……

市内のものしかわかりませんよ

納税通知

権利証

書類を探すほうが確実

役所で不動産について調べても、その役所の担当エリアのものしかわかりません。不動産の権利証などの書類を探すほうが確実です。

不動産の評価方法は、家屋と土地で分かれています。家屋の場合、基準年度の固定資産税評価額がそのまま**評価額**になります。**土地の場合は評価方法が2種類あり**、1種類目は市街地などで採用される路線価方式で、路線（道路）に面する評価額が国税庁によって定められています。2種類目は郊外地などで採用される倍率方式で、固定資産税評価額に一定の倍率をかけて計算します。

土地の評価方法は2種類ある

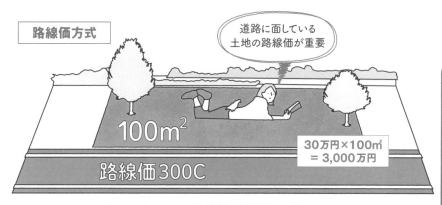

路線価方式

道路に面している土地の路線価が重要

100m²

30万円×100㎡ ＝ 3,000万円

路線価300C

※「300C」の300が路線価。評価額は1㎡あたり1,000円単位なので、この場合、路線価は30万円。

倍率方式

土地の固定資産税評価額が重要だ

100m²

評価額＝固定資産税評価額×国税庁が定めた評価倍率

土地の評価方法は、路線（道路）に面する宅地の評価額が定められているか、そうでないかによって2種類の計算方法が存在します。

06 骨とう品や美術品も相続の対象になる

故人所有の骨とう品や美術品も相続財産に含まれますが、
正しい価値を把握する必要があります。

骨とう品や美術品も大事な財産のひとつです。ただし、その正しい価値は素人では判断がつきません。「何の価値もないだろう」と思っていたものが高額だったり、「先祖伝来の由緒ある品」と思っていたものが安価だったりすることもあります。また、骨とう品や美術品は**時価**が原則です。**購入時の価格ではなく、現時点での評価額が相続財産としての価値になります。**

骨とう品は現時点での評価額で判断する

100万円で買った品でも、現在の価値が10万円であれば10万円で評価します。

骨とう品や美術品の価値を正しく判断するためにも、信頼のおける専門家に鑑定を依頼しましょう。その際、「無料見積もり」をうたう業者は買い取ることを前提にしていて安く評価しがちなので注意が必要です。鑑定の結果、高額なものが見つかった場合は評価鑑定書を発行してもらい、遺産分割協議にかけます。**1点が5万円以下の場合は家財として、まとめて申告することができます。**

1点5万円以下の場合は家財扱いにする

骨とう品が5万円以上の場合

どうやって
分けるか考えよう

鑑定書

やったー！

これは
100万円の
価値がありますよ

高額なものと鑑定された場合は、鑑定士に評価鑑定書を発行してもらい、遺産分割協議をします。

骨とう品が5万円以下の場合

家財扱いに
するか

これは
3,000円です

1点が5万円以下なら、「家財一式○万円」というようにまとめて申告できます。

07 円満相続のためにも 故人の財産目録をつくる

故人がどういった財産をどれぐらい持っていたのか把握すると、
遺産分割のための話し合いに役立ちます。

円満相続のためにおすすめしたいのが、**財産目録**の作成です。財産目録とは、故人がどういった相続財産をどれぐらい持っているのかを一覧にしたものです。故人が遺言書を遺していない場合、遺産をどう分割するかを相続人全員で話し合わなければいけません。**その遺産分割協議の際、財産目録があれば、話し合いがスムーズに進みます。**

財産目録で話し合いがスムーズになる

故人の相続財産を
まとめた財産目録を
作成しよう

財産目録があると、遺産の内容がひと目でわかります。

財産目録をつくることにはほかのメリットもあります。**相続税の申告が必要となった場合には、相続財産の一覧表を提出しなければならないので、あらかじめ財産目録をつくることで手間が省けるのです。**財産目録には決まった形式はありませんが、財産を不動産、現金、証券など種類ごとに分類し、評価額と金額を記載漏れがないようにしっかりと記入しましょう。

財産目録に書くべき内容は？

財産目録に必要な項目

- どんな財産を持っているのか（種類ごとにまとめる）
- 財産がどこにあるのか
- 評価額はいくらか
- マイナス財産（負債）はあるか

漏れがないようにつくろう

早めにつくっておくと安心だね

相続税申告の際には財産の内容を申告するため、事前に財産目録をつくっておくとスムーズに進めることができます。

08 負債が多い場合は相続放棄する①

故人に負債があった場合、相続するとその負債を返済する義務まで相続することになってしまいます。

相続で引き継ぐのはお金や不動産などの財産だけとは限りません。**故人に負債があった状態で相続すると、返済義務も相続人に承継されてしまいます。**それを避けるためにも、相続手続きに入る前に故人に負債がないか確認しましょう。確認方法のひとつは、信用情報機関に信用情報開示を請求すること。多額の負債が判明した場合は、**相続放棄**を選んだほうがよいでしょう。

借金の返済義務まで引き継ぐことになる

故人に負債がある状態で遺産を相続すると、相続人は負債を返済する義務を負うことになります。

相続したあとだと、負債があったことがわかっても相続放棄はできないので、事前の確認が重要です。相続放棄の申し立ては、故人の最後の住まいを管轄する家庭裁判所に対して行います。また、申し立てには3カ月という期限があります。**「相続の開始を知ったときから3カ月以内」に申し立てをしなければならないので、期限を守るようにしてください。**

相続放棄は家庭裁判所に申し立てる

相続放棄したい場合は、相続の開始を知ったときから3カ月以内に、家庭裁判所に申し立てる必要があります。

09 負債が多い場合は 相続放棄する②

故人に借金があって相続放棄を選択したいと考えても、
場合によっては相続放棄が認められないこともあります。

ある調査によると、相続放棄をする家は全体の17%存在し、その理由はやはり故人の生前の借金だそうです。多額の負債が見つかった場合は相続放棄したいところですが、相続放棄が認められないケースもあります。**相続人が相続財産の一部を使った場合や、3カ月の期限を過ぎてしまった場合などには、法定単純承認をしたとみなされてしまうのです。**

相続放棄が認められないケースもある

ちょっとくらい
大丈夫だよね

相続前に
おろしちゃおう

不動産の
名義を僕に
してください

承知
しました

相続財産を使う

預貯金を
払い戻す

相続財産の
名義変更をする

相続財産の一部を処分したり使ったりした場合、
相続放棄が認められなくなる可能性があります。

法定単純承認とは相続方法のひとつで、負債も含めて故人の財産を受け継ぐことを認めるというものです。こうならないためにもしっかりと相続放棄をする必要があります。**相続放棄は相続人のうちのひとりだけでもできますが、後々のトラブルを避けるためにも相続人全員で話し合うべきでしょう。**相続人全員で相続放棄を選択しても、まったく問題はありません。

相続放棄は相続人それぞれが判断できる

相続放棄するかしないかの判断は、相続人それぞれの考えで決断して手続きできます。ただし、トラブルを避けるためにも全員で話し合いの場を持ちましょう。

10 相続放棄と限定承認は延長が可能

相続放棄するべきかどうかすぐに決断できない場合、
期限の延長を家庭裁判所に申し立てることができます。

これまで相続放棄や法定単純承認について解説しましたが、ほかに**限定承認**という方法もあります。**限定承認とはプラスの財産を限度として、マイナスの財産も引き継ぐというもの**。プラスとマイナスのどちらのほうが多いかわからないときに有効な選択肢といえるでしょう。限定承認は、相続の開始を知った日から3カ月以内に、相続人全員で申し立てなければなりません。

限定承認とは？

限定承認は、相続された財産以上の負債に
関して、返済が免除される制度です。

財　産	免除される！
借　　　金	

相続放棄や限定承認のための申し立てには３カ月の期限があります（この３カ月を「熟慮期間」と呼びます）。ですが、相続人内での話し合いが難航し３カ月経っても結論が出ないこともあるでしょう。場合によっては、家庭裁判所に**伸長申立書**を提出することで熟慮期間を延長できる可能性があります。**申し立てが認められると、熟慮期間が1〜3カ月延長されます。**

３カ月の期限は延長できる

相続放棄や限定承認を選択するための期限は３カ月。その期間内に決断できない場合は、家庭裁判所に延長を申し立てましょう。

自分に合った
しっかりした遺言書の作成が
トラブル回避につながる

　自分の死後、遺族間で遺産をめぐるトラブルを発生させないために、遺言書を遺すことは大切です。遺言書のなかで簡単に作成できるのが「自筆証書遺言」。自分で思い立ったときに書くことができ、証人も不要ですから遺言書の内容を他人に知られずに作成できます。費用はほとんどかかりませんが、法的に効力を持たせるためには、代筆やパソコンを使わない、日付を記入する、家庭裁判所での検認が必要など、一定の条件を満たさなければならず、外れると無効になる可能性もあります。

　その際、遺言書は法務局に保管できる「自筆証書遺言書保管制度」を利用すれば、紛失や盗難のリスクを避けることができます。このサービスは原本を保管するだけでなく、家庭裁判所での検認が不要になります。

　遺言書の内容を外部に知られないようにしながら、遺言書が存在することを公的に証明できるのが「秘密証書遺言」で

す。この場合は未成年者や直系の親族、推定相続人、受贈者以外の証人を2人以上必要とするほか、公証役場で手続きを行う必要があります。秘密証書遺言の原本は自分で保管しますが、証人がいるので紛失リスクを回避することが可能です。ただし、公証人も中身を確認できないので、内容不備で無効になるリスクがあります。

　遺言書のなかでごく信頼性が高いのは、未成年や利害関係のある人以外の2人を証人に立て、遺言者が口述することを公証人が書面にして作成する「公正証書遺言」でしょう。正本と謄本は持ち帰ることができ、原本を公証役場で保管してもらいます。法律の専門家の公証人が作業してくれるので不備や紛失のリスクもなく、家庭裁判所での検認も不要です。とはいえ、公証役場に出向いて公証人と打ち合わせをしなければならないので、手間や時間がかかり、手数料も財産額に応じて発生するので注意が必要です。

　遺言書は、こうしたさまざまな形があることを踏まえたうえで、もっとも自分に合ったものを選ぶことが大事でしょう。

Chapter

5

ENMAN SOUZOKU NO KOTSU
mirudake notes

相続で起こる
トラブルを未然に防ぐ

申告書の記入ミスや家族間でのもめごと、故人に隠し子がいたなど、相続に関するトラブルはさまざまあります。本Chapterでは、そういったよくある相続トラブルを紹介しています。どんなケースがあるか知っておくことで、のちの厄介ごとを防ぐことができるはずです。

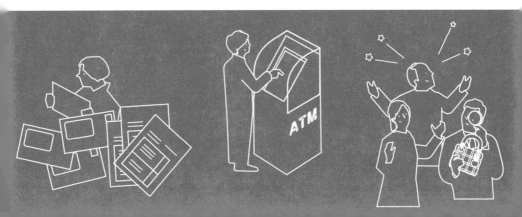

01 相続税の申告を しなかったらどうなる?

相続が発生したら期限内に申告し納税する必要があります。
申告しなかった場合は追徴金が発生するので注意しましょう。

相続税は、相続が発生したことを知った日の翌日から10カ月以内に、申告と納税をしなければいけません。期限を過ぎると「延滞税」が発生し、**無申告**の場合「無申告加算税」も課せられます。相続額を少なく申告した場合は「過少申告加算税」、偽って申告した場合などは「重加算税」と、状況によって追徴課税の種類や金額は異なります。

相続税に関わる4つの追徴課税

・無申告加算税
・過少申告加算税
・重加算税
・延滞税

病気などの正当な理由があれば無申告でも追徴課税は発生しませんが、遺産相続でもめているなどの理由では正当性は認められません。

無申告加算税の場合、自主的に申告すると相続税額の5％が追徴されます。税務署から指摘された場合は相続税額により15％、20％、30％が追徴課税額となり、自主的に申告するかしないかでは追徴課税額に差が出ます。たとえば重加算税がもっとも重く、最大で相続税額の40％もの追徴金が必要です。**追徴課税の発生がわかったら早めに、自主的に申告し、追徴課税を抑えましょう。**

早め＆自主的な申告で追徴課税を抑える

追徴課税の種類	条件		追徴課税額
無申告加算税	自主申告		相続税額の5％
	税務署から指摘されて修正	相続税額が50万円以下	相続税額の15％
		相続税額が50万円超300万円以下	相続税額の20％
		相続税額が300万円を超える	相続税額の30％
過少申告加算税	自主的に申告		なし
	調査通知から税務調査までに修正		相続税額の5％
			期限内申告税額と50万円のいずれか多い金額を超える部分の10％
	税務調査により指摘		相続税額の10％
			期限内申告税額と50万円のいずれか多い金額を超える部分の15％
重加算税	期限内に申告		相続税額の35％
	申告なし		相続税額の40％
延滞税	期限から2カ月以内		未納の税額×年2.4％
	期限から2カ月を超える		未納の税額×年8.7％

※相続税額とは増差税額を指します。

相続税は遺産総額が3,600万円以上の場合に発生します。少額だから、対象じゃないから、と放置して無申告にならないよう気をつけましょう。

02 申告書に誤記載を してしまった

相続税を申告後にタンス預金が見つかったり、相続人数が増えたりすることも。修正があれば速やかに修正申告をしましょう。

相続税を申告したあとでも申告内容は変更できます。書き間違いなどがあれば、変更手続きを行いましょう。本来よりも相続税額が少ない場合は、「**修正申告**」が必要です。また、ペナルティーとして延滞税などを追徴されますが、**自主的に修正申告をすれば追徴されません**。修正申告期間は申告・納税期限の翌日から5年以内となります。

申告書はあとから修正できる

自主的な
修正申告なら
追徴なし

追徴のポイントは、あくまで自主的かどうか。税務署などから指摘を受けると追徴になる可能性もあります。

税務署の調査によって本来納めるべき納税額が不足していると発覚した場合、過少申告加算税や延滞税が発生します。意図的に隠したと判断されれば、重加算税が課される可能性もあるでしょう。相続財産を多く残すには自主的に申告することが重要です。一方、**本来よりも多く納税している場合は「更正の請求」によって還付されます**。こちらも申告期限から5年以内に手続きが必要です。

早めの申告で相続財産を守ろう

03 相続税を払いたいが現金がない！

相続税は相続が発生したことを知った翌日から 10 カ月以内に支払います。具体的な支払い方法を確認しておきましょう。

相続税は原則的に現金一括払いです。税務署から相続人がそれぞれ納付書を取り寄せ、税務署や銀行、郵便局などで支払います。納付金額が 1,000 万円未満であれば**クレジットカード**を使って国税庁の HP からの納付も可能。この場合、納税額が使用するカードの利用可能額以下でなければいけません。手数料が発生し、領収書は発行されない点も留意しておきましょう。

クレジットカード払いのポイント 4 つ

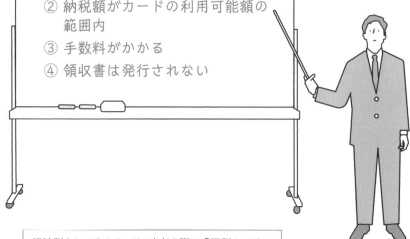

① 納税額が 1,000 万円未満
② 納税額がカードの利用可能額の範囲内
③ 手数料がかかる
④ 領収書は発行されない

相続税をクレジットカードで支払う際は「国税クレジットカードお支払いサイト」で手続きできます。

納付金額が30万円以下であればコンビニ支払いも可能です。バーコード付き納付書を税務署に発行してもらい持参します。また、**相続税を分割で払う「延納」や現金の代わりに「物納」する方法も**。延納は要件を満たせば最大5〜20年の間で分割できます。物納は要件が厳しく税務署に認められない可能性が高いので、よりスムーズに手続きするためにも現金で支払う方法がおすすめです。

相続税の４つの納め方

現金で一括払いにします

税務署
銀行
郵便局

納付書

クレジットカード払いにしよう

CREDIT CARD

コンビニで払いたい

納付書

STORE

分割して払います

1年　2年　3年　…

延納は相続税額が10万円以上で、現金一括払いができない理由を税務署に認めてもらう必要があります。担保を提供し、利子も発生するので要注意です。

04 生前に受けていた援助に兄弟姉妹で差がある

生前に受けていた贈与や援助が平等とは限りません。遺産相続の際には、お互い隠しごとをしないのがトラブル回避のコツです。

親が亡くなり子どもたちが相続人となった場合、法定相続分通りに遺産を分けると子どもの人数で均等割りとなります。すべての相続人が納得すれば問題はありません。しかし兄は仕送りを、妹は新居の購入費を援助してもらっていたなどの場合、必ずしも全員が納得できるとは限りません。**生前贈与の有無や差額は明確にし、数値化することはとても重要です。**

生前贈与や援助は数値化して円満解決を目指そう

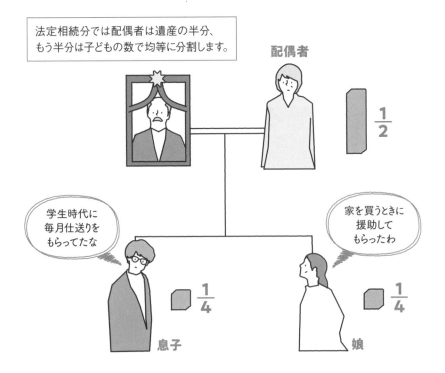

法定相続分では配偶者は遺産の半分、もう半分は子どもの数で均等に分割します。

配偶者 $\frac{1}{2}$

学生時代に毎月仕送りをもらってたな

家を買うときに援助してもらったわ

息子 $\frac{1}{4}$

娘 $\frac{1}{4}$

親が子どもにかける愛情が平等でも、金銭的な援助まで平等にするのは難しいのが実情です。仲のよい兄弟姉妹でも、金銭が絡むと争いに発展する可能性は大いにあります。これまで抱いていた負の感情が相続を機に表に出る場合もあるでしょう。**金銭的に優遇されていた経緯があるなら伝えて、自ら譲るくらいの心持ちでいたほうが、今後もよい関係を続けていきやすいかもしれません。**

譲る気持ちが円満相続のカギ

05 遺った財産が持ち家しかない場合

相続財産は現金だけに限りません。持ち家のみが相続財産という場合でも、代償金という形で平等に相続することが可能です。

実家だけが相続財産という場合も珍しくはありません。公平に分割しやすい現金と違い、不動産は実家に住んでいる人と別の場所で暮らしている人との間で意見が合わないことも多いです。そんなときは、**代償金**を使って相続を行いましょう。**ひとりが土地も家屋も相続し、ほかの人には評価額に応じた代償金を支払うことで公平性を保ちます**。すべての相続人から理解を得やすい手段のひとつです。

土地と家屋の分割は難しい

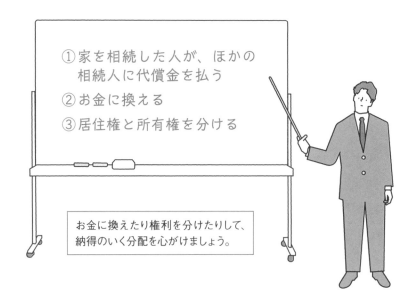

① 家を相続した人が、ほかの相続人に代償金を払う
② お金に換える
③ 居住権と所有権を分ける

お金に換えたり権利を分けたりして、納得のいく分配を心がけましょう。

土地と家屋を現金化して、相続人同士で分割することも可能です。この場合、土地や家屋が売れない可能性も視野に入れておきましょう。被相続人の配偶者で相続発生時に持ち家に住んでいれば、配偶者居住権を利用できます。遺言書の記載やほかの相続人の合意のもと、**配偶者は持ち家がほかの相続人に所有された場合でも亡くなるまで住み続けられるのです。**その間、所有者は配偶者に対し、立ち退きや家賃の請求はできません。

現金化した遺産分割と配偶者居住権の利用

持ち家以外に相続財産があった場合、配偶者は持ち家分を考慮する必要がありません。そのため、ほかの財産もバランスよく相続することができます。

06 隠し子や知らない兄弟姉妹がいた場合の対処法

遺産を相続できる権利がある人を法定相続人と呼びます。誰が法定相続人になるのかを確定するのに必要なのが戸籍謄本です。

遺産相続の話し合いは法定相続人を明確にしてから行いましょう。相続が完了したあとに隠し子の存在が判明した場合、財産請求や訴訟などの問題に発展する可能性もゼロではありません。**法定相続人は戸籍謄本（全部事項証明書）があって初めて確定する**ので、被相続人の本籍地のある自治体の役所から早めに取り寄せて確認しましょう。

身内だけが法定相続人とは限らない

前妻や愛人には相続権がありませんが、認知されている子どもは法定相続人として認められています。

戸籍謄本には氏名や本籍地、親子関係などが記されています。法定相続人が子なら、故人の戸籍謄本を取り寄せるだけで構いません。祖父母や兄弟姉妹が法定相続人になる場合は、故人の親の戸籍謄本も取り寄せ、家族関係を明らかにしましょう。なお、戸籍謄本は結婚や引っ越しなどで本籍を移すたびにつくられます。法改正により、**戸籍簿が増える場合もあるため複数枚に及ぶこともあります。**

戸籍謄本は複数必要になる可能性もある

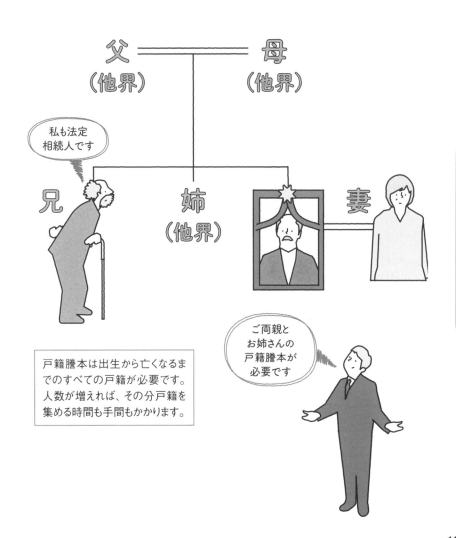

私も法定相続人です

父（他界）

母（他界）

兄

姉（他界）

妻

戸籍謄本は出生から亡くなるまでのすべての戸籍が必要です。人数が増えれば、その分戸籍を集める時間も手間もかかります。

ご両親とお姉さんの戸籍謄本が必要です

07 長男の妻が故人の お世話をしていた場合

子どもの配偶者は法定相続人に含まれません。しかし故人を介護していたなど、要件を満たせば相続できる場合もあります。

相続人が故人の家業を手伝っていたり、介護をしていたりした経緯があれば「**寄与分**」として遺産を多めにもらう権利があります。長男の妻など6親等以内の親族が行っていた場合、法定相続人には含まれませんが「**特別寄与料**」として遺産を請求することは可能です。**どちらも無償で行っていたことが条件**となり、労働として有償で行っていた場合は対象外となります。

故人に対する無償の貢献は相続という形で請求できる

相続人なら寄与分、
相続人以外の親族なら
特別寄与料

特別寄与料は事実婚や内縁関係の人には適用されません。戸籍上の親族にのみ適用される制度です。

寄与分や特別寄与料は法的に認められているものの、遺産分割協議ではもめる原因になりやすいのが実情です。**たとえば介護であれば、何をやってきたのか、どういった金銭負担があったのかなどを日誌のように記録しておきましょう。**具体的な資料があれば相続人からの理解も得やすいはずです。同内容の介護を外部に委託した場合の料金も提示し、相続額を話し合うのもよいでしょう。

介護やお世話をした内容は記録する

父親の家業を手伝っていました

お義父さんの介護をしていました

寄与分

特別寄与料

故人の遺産を形成するために協力したという考えのもと、療養介護だけではなく家業を手伝うなどした場合にも寄与分や特別寄与料の請求が可能です。

08 問題がある子どもに相続をさせたくない

家族であっても関係性が良好でなければ「相続させたくない」と思うもの。廃除という形で相続させない選択肢もあります。

配偶者と子どもがいる場合、故人の遺産は基本的には配偶者と子どもに相続されます。しかし「家族に迷惑をかけてきた子どもには相続させたくない」という場合、**要件を満たせば相続から廃除し、相続権を失わせることも可能です。**生前に被相続人が家庭裁判所に申し立てをして認められ、役所に「推定相続人廃除届」などを提出すると手続きは完了。手間はかかりますが、トラブルを回避するひとつの手段です。

廃除して相続対象から外す

夫　妻　娘　息子

相続廃除を裁判所に申し立てできるのは被相続人となる本人だけ。ほかの兄弟姉妹が廃除を求めることはできません。

廃除するには条件があります。被相続人に対して日常的に暴力をふるっていた、勝手に預貯金を使い込まれたなど、虐待や侮辱は廃除の条件のひとつです。重大な罪を犯した場合も該当します。また**廃除の対象は子どもだけに限りません。**たとえば、長年不貞行為を続けていた配偶者を相続から廃除することも可能です。廃除されると、相続だけでなく遺留分を請求する権利も失います。

相続廃除の条件

条件を満たす
必要があります

- 被相続人に対して虐待をした
- 被相続人に重大な侮辱を加えた
- 推定相続人に著しい非行があった

家族と話し
合っておこう

夫

09 故人の家に多額の タンス預金があった場合

自宅で預金が見つかるケースも珍しくはありません。
面倒ごとにならないよう、迅速に対処していきましょう。

自宅で保管されていた現金は**タンス預金**と呼ばれます。タンス預金は存在自体が記録に残されていないため、見つけた人がそのままもらってもバレない、相続税の対象にならない、と思ってしまうかもしれません。しかし、安易な気持ちで隠すのは要注意。あとで明るみになった際に**相続人同士で争いになるだけではなく、税務署から罰則として追徴課税の支払いを命じられる可能性もあります。**

自宅保管の現金はトラブルの原因

タンス預金は
隠さない

勝手にもらうと、明るみになった際トラブルの原因になります。

タンス預金を見つけたら、まずはすべての相続人に共有しましょう。そしてほかの相続財産と合わせて財産目録を作成し、遺産分割協議を行います。相続後にタンス預金が見つかった場合は修正手続きも必要です。**そのため、タンス預金はできるだけ協議前に見つけるようにしたほうが、相続はスムーズに進められます**。タンスのなかや引き出しのなか、キッチンなど、一度確認してみるとよいかもしれません。

税務調査が入る前にタンス預金は申告する

10 故人のサブスクが解約できない！

ネット銀行の預金や電子マネーといったデジタルな財産も相続税の対象になるため早めの整理が必要です。

ネット銀行の預金やクレジットカードのポイント、電子マネーのチャージ残高など、キャッシュレス化が浸透している近年では相続対象も複雑化しています。**ネット上に保管されている情報のなかで金銭に関わるものをデジタル遺産といいます。**一方、写真データや電子メールなど**財産的な価値がないものはデジタル遺品です。**こちらは相続税の対象にはなりません。

デジタル遺産 と デジタル遺品

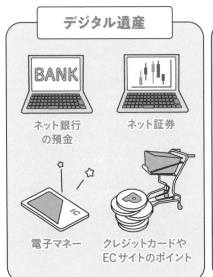

デジタル遺産・遺品の内容は多岐にわたります。利用者本人によって、生前にリストアップできているのが理想です。

これらは、利用の有無やアカウント情報などが故人にしかわからないのが難点。定額料金でサービスを受けられるサブスクは、**解約しないと利用料が請求され続けるため、早めに手続きを行いましょう。**パスワードが書かれたメモの有無を確認し、なければ各企業の窓口に死亡を伝えます。サービスによって継承の可否は異なるため、メモしながら整理するとよいでしょう。

デジタル遺産・遺品の整理手順

故人にデジタル遺産・遺品があるかを確認します。利用履歴などでパスワードがわかればメモをし、ネットまたは問い合わせにて解約やアカウント削除をしましょう。

11 話し合っても 解決の糸口が見えない

遺産をめぐる話し合いがうまく進まないときは、
法律専門家の客観的な意見を参考に解決を目指しましょう。

誰が何をどれくらい相続するのか、遺産分割協議でもめてしまう場合は多いです。相続人が抱く感情は、相続人それぞれの事情や関係性によってさまざまであり、建設的な話し合いができないこともあるでしょう。このままでは解決できないと思ったら、家庭裁判所に申し立てを行い、**遺産分割調停**で解決策を見つける手段もあります。**専門家の力を借りたほうが円満に進められるかもしれません。**

冷静な話し合いができないこともある

遺産分割調停では
プロから提案を
受けられる

遺産分割調停では、裁判官や調停委員が、
相続人の話を聞いてアドバイスをします。

相続人が家庭裁判所に申し立てを行うことで遺産分割調停委員会ができます。調停委員は相続人全員の希望や状況を聞き、分割方法を提案。**全員が合意すれば調停は成立し、ひとりでも反対がいれば遺産分割審判へと移ります**。調停は提案であり強制力はありません。しかし、客観的な意見を聞きつつ最後は裁判官の判断を仰ぐことができるので、話し合いを前進させられるのがメリットです。

遺産分割調停の流れ

家庭裁判所

調停委員

それぞれの希望を教えてください

相続でもめてるよ〜

賛成！

遺産分割調停委員会

調停成立

反対！

こうしたらどうですか？

遺産分割審判

遺産分割調停委員会では、裁判官1名と調停委員2名が選任されます。調停委員には弁護士や司法書士など、法律の知識がある社会人が選ばれます。

12 故人がペットを飼っていた場合

大切なペットが末長く幸せに暮らせるよう、飼い主は代わりにお世話をしてくれる人を決め、法的に守ってあげましょう。

ペットとともに暮らしている人のなかには、ペットに遺産を遺したいと希望する人もいます。しかし、法律上ペットは物扱いとなるため、相続させることはできません。そこで検討されるのが**負担付遺贈**です。財産を相続させる代わりに相続人へ条件を出すことができ、遺言書に記載すれば効力を発揮します。**相続する代わりに、ペットのお世話を義務づけることができるのです。**

負担付遺贈でペットのお世話を義務づける

猫をよろしくお願いします

大切に預かります

住宅環境やアレルギーなどでペットを引き取れない相続人もいます。相続人を選ぶときはそれぞれの事情も考慮しましょう。

負担付遺贈を受けた人が義務を守っているか監視する係として、遺言執行者には弁護士などの法律家を選びましょう。義務を果たしていない場合、**遺言執行者は故人が決めた別の相続人に遺産を移し、相続させることが可能です**。飼育には餌代だけではなく、病気やけがで通院すれば多額の費用がかかります。遺言書に記載がないときは、預かってくれる人に多めに財産を渡しましょう。

遺言執行人がペットの行方を確認

相続トラブルの
火種はさまざまであり
どの家族にも起こり得る

　遺産相続と聞くと、他人事に感じてしまう人も少なくありません。しかしながら遺産の多い、少ないにかかわらず、相続トラブルはどの家族にも起こり得る問題です。

　遺産が多額だからではなく、逆に少額だからこそ、どれくらい相続できるかに敏感になる場合もあります。令和3年の『司法統計年報』によると、裁判所が取り扱った遺産分割のもめごとのうち、遺産額が1,000万円以下だった場合は約33%、1,000万円超5,000万円以下だった場合は約44%です。

　また、相続を受ける人の立場の違いでもめるケースもあります。具体的にいえば、故人の介護をしていた相続人と介護を任せきりだった相続人との争いです。加えて、遺産への思い入れが原因でトラブルになるケースもあります。たとえば故人の不動産を売却したい相続人と、思い出の家を手放したくない相続人の対立。こういったケースも珍しいことではないのです。

トラブルが起こりやすい状況としては、遺産が持ち家（実家）しかないという場合が挙げられます。一般的には代表となる相続人が家を相続し、ほかの兄弟姉妹に代償金を支払ったり、家を売却したりして現金で清算する方法がありますが、実家で生活していた代表となる相続人が追い出されてしまうこともあり、簡単にはいきません。遺産を特定の相続人が管理している場合も、財産の使い込みを疑われたり、財産内容の開示を拒否したりと、対立することがあります。

　こうしたさまざまなトラブルを避けるために、遺言書の作成、財産の管理方法や死後の財産帰属先を取り決める民事信託の利用などを考えましょう。

　兄弟姉妹で仲が悪かったり、疎遠になっていたりするときには、いつまでも遺産の分割方法が決まらず、相続登記もできずに長年放置されてしまうことがあります。まずは家族間でしっかりとコミュニケーションをとり、被相続人の希望や遺産内容、管理方法などを共有しておくべきでしょう。

Chapter

6

¥

ENMAN SOUZOKU NO KOTSU
mirudake notes

相続税でもめないため
の賢い節税方法

遺産の総額が大きいと、場合によっては相続税がかかります。額が大きいほど税額も大きくなってしまうので、いかに節税するかがカギとなるでしょう。本Chapterでは、節税のために活用できる制度やちょっとしたテクニックを紹介します。

01 2度目の相続税まで 考えた相続をする

相続は1度きりのものではありません。
先を見越した相続が節税につながります。

一般的に、相続のタイミングは2度あるといわれています。1度目が、親が
ひとり亡くなり、その配偶者と子どもに相続が発生する**一次相続**。2度目が、
その後もう片方の親が亡くなって、子どもにのみ相続が発生する**二次相続**で
す。**それぞれかかる相続税の額や使える控除制度が違う**ため、注意しなけれ
ばなりません。

2度目の相続を考えておく

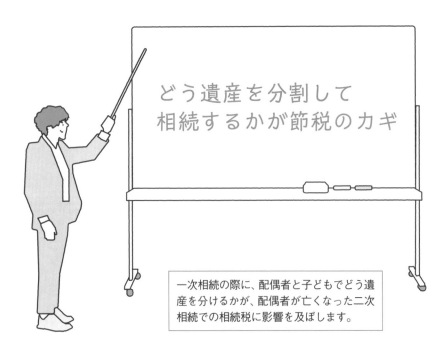

どう遺産を分割して
相続するかが節税のカギ

一次相続の際に、配偶者と子どもでどう遺
産を分けるかが、配偶者が亡くなった二次
相続での相続税に影響を及ぼします。

配偶者に対しては、小規模宅地等の特例（P.142〜143参照）や、配偶者控除（P.148〜149参照）といった相続税の優遇措置があります。そのため、**一次相続では配偶者の税負担が軽くなるのです**。一方、二次相続では配偶者が死亡して子どもしか残っていないため、一次相続よりもかかる相続税が増える傾向にあります。先を見越した相続の仕方を考える必要があるでしょう。

相続のシミュレーション

亡くなった父親の遺産が1億円あり、相続人がその配偶者と子ども2人の場合

❶法定相続分に沿って遺産を分割

一次相続		二次相続	

一次相続

父親の遺産 1億円

母親 5,000万円 相続税額0円

息子 2,500万円 相続税額157.5万円

娘 2,500万円 相続税額157.5万円

二次相続

母親の遺産 5,000万円

息子 2,500万円 相続税額40万円

娘 2,500万円 相続税額40万円

一次・二次相続の合計相続税額　395万円

❷配偶者控除をフル活用して分割

一次相続

父親の遺産 1億円

母親 1億円 相続税額0円

息子 0円 相続税額0円

娘 0万円 相続税額0円

二次相続

母親の遺産 1億円

息子 5,000万円 相続税額385万円

娘 5,000万円 相続税額385万円

一次・二次相続の合計相続税額　770万円

❸二次相続で相続税が一切発生しないように分割

一次相続

父親の遺産 1億円

母親 4,200万円 相続税額0円

息子 2,900万円 相続税額315万円

娘 2,900万円 相続税額315万円

二次相続

母親の遺産 4,200万円

息子 2,100万円 相続税額0円

娘 2,100万円 相続税額0円

一次・二次相続の合計相続税額　630万円

02 早いうちから贈与して財産を減らす

生前の贈与で、相続税のかかる財産を減らし、
節税することができます。

遺産額が大きければ、その分相続税がかかってしまうものです。そこで、遺産となる分を生前に贈与することで相続税のかかる範囲を減らすことができます。しかし、ここで注意したいのが贈与税です。**贈与したものにも税金は発生し、これは相続税よりも税率が高い**ため、節税するつもりが逆に税負担が大きくなってしまう可能性があります。

財産が減ればその分相続税も減る

早めの贈与で
節税が叶う

暦年課税により110万円以下の贈与をすれば、節税対策につながります。しかし、相続開始前7年以内の贈与には相続税がかかってしまうので注意です。

そこで活用したいのが、**暦年課税**という贈与の方法です。1月1日〜12月31日の間に贈与した総額が110万円以内であれば、贈与税がかかりません。しかし、**相続開始前7年以内の贈与は、相続税の対象となります**。せっかく贈与税を免除できても、結局相続税が発生してしまうのです。この期間に入らないよう、暦年課税を利用した早めの生前贈与を心がけましょう。

暦年課税を活用して節税

1月1日〜12月31日の1年間のうちに贈与した額が110万円以内であれば、そこに贈与税はかかりません。これを活用し、生前に財産を与えておきましょう。

無税で財産を
分け与えられる

ありがとう

定期贈与には
注意しよう

毎年同額を贈与していると、「定期贈与」を疑われて、暦年課税が適用されなくなってしまうことも。どう贈与するかは慎重に考えるべきです。

03 生命保険の非課税枠を活用する

生命保険はムダという考え方もありますが、
有効に使える手立てがあります。

相続税を節税したい場合、生命保険に加入するのもひとつの手です。まず**生命保険は、その契約の状態によって、死亡保険金にかかる税金の種類が違います**。保険料負担者と保険金受取人が同じであれば所得税、異なっていれば贈与税がかかるのです。また後者の場合、保険料負担者（兼被保険者）が死亡したのであれば、贈与税ではなく相続税がかかります。

生命保険は節税になる

相続人ひとりあたり
500万円までは
無税で死亡保険金を
受け取れる

被保険者と保険料負担者が同じであれば、その人が死亡したときに、相続人ひとりあたり500万円まで非課税枠が適用されます。

このうち、相続税が発生する3番目のパターンであれば、死亡保険金に**非課税枠**が存在します。**相続人ひとりあたり、500万円までは相続税がかかりません。**つまり、500万円をそのまま受け取ることができるのです。これを考慮して死亡保険金を設定することで、節税しつつ、家族にお金を分け与えることが可能となります。

非課税枠を活用しよう

父親・母親・息子・娘の4人家族で、
父親が生命保険に加入し、保険料を支払っている場合

500万円

500万円

500万円

母

非課税枠は
ひとりあたり
500万円ね

息子

娘

相続人ひとりあたり500万円まで非課税のため、母・息子・娘の3人で合計1,500万円の死亡保険金を無税で受け取れる

財産を生命保険という別の形に変えておけば、
税のかからない状態で家族に資金を遺すことができます。

04 土地の評価額を下げる特例を知る

評価額が下がれば、その分相続税がかからなくなり、
節税につながるでしょう。

土地や不動産にいくらの価値があるのかを表す評価額。持ち主が亡くなって家を相続しようにも、評価額が高ければその分かかる相続税も増え、税負担の大きさから手放さざるを得ないなんてことも。こういった事態を避けるため、**決められた条件を満たす場合は評価額を下げることができる「小規模宅地等の特例」**という制度があります。

小規模宅地等の特例が適用されるケース

土地や不動産の所有者である父親が亡くなった場合

❶居住用宅地
宅地330㎡分の評価額を最大80％減額

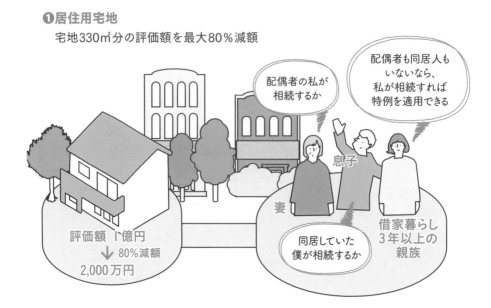

配偶者の私が相続するか

配偶者も同居人もいないなら、私が相続すれば特例を適用できる

息子

妻

借家暮らし3年以上の親族

同居していた僕が相続するか

評価額 1億円
↓ 80％減額
2,000万円

この制度を適用できる宅地は3種類です。まず1つ目が居住用の宅地で、2つ目が事業用の宅地。どちらも、**評価額を最大80％減額**することができます。3つ目は貸付用の宅地です。賃貸物件や駐車場などがこれにあたり、**最大で50％減額可能**となります。相続した土地や不動産を引き続き使用する場合には、この制度を活用することでかなり税負担が軽くなるでしょう。

❷事業用宅地

宅地400㎡分の評価額を最大80％減額

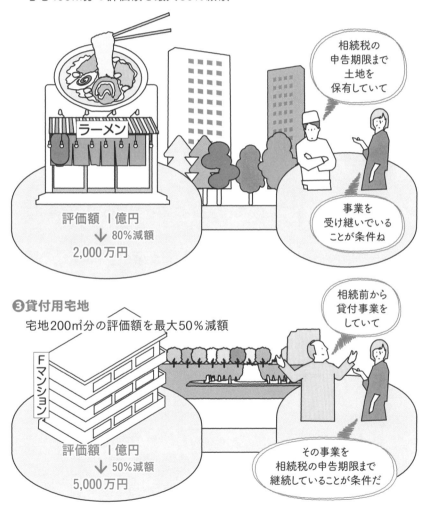

相続税の申告期限まで土地を保有していて

事業を受け継いでいることが条件ね

評価額 1億円
↓ 80％減額
2,000万円

❸貸付用宅地

宅地200㎡分の評価額を最大50％減額

Fマンション

相続前から貸付事業をしていて

その事業を相続税の申告期限まで継続していることが条件だ

評価額 1億円
↓ 50％減額
5,000万円

（注）事業用宅地と貸付用宅地は3年以上事業を継続していたことが要件になります。

05 生前に現金を不動産に変えておく

現金をそのまま遺すのではなく、不動産に変えておけば、それだけで評価額が下がります。

相続と聞くと、故人の預貯金を引き継ぐことを思い浮かべる人も多いのではないでしょうか。しかし**現金というのは、相続税を算出する際に、そのままの金額が評価額となります**。よって、評価額を小さく抑えることができず、節税を見込めないのです。そこで注目したいのが、現金を**不動産**の形に変えておくということ。

現金のまま遺すのはもったいない

現金を不動産に変えるだけで評価額がぐんと下がる

現金はそのままの額が評価額となる一方、不動産は建築費の約60％が評価額に。評価額が下がれば、相続税を抑えることができます。

建物であれば、建築費の約60％が評価額となります。土地の場合は、公示価格の約80％です。つまり**現金で保持しているよりも、そのお金で家を建てたり土地を買ったりしたほうが、相続時の評価額が小さくなり、大幅な節税につながります**。また、貸付用の物件を所有した場合や小規模宅地等の特例が適用される場合は、そこからさらに評価額が小さくなることもあります。

形が違えば評価額も違う

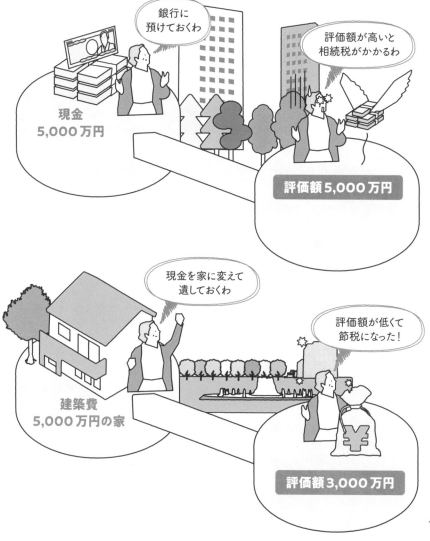

06 養子縁組をして相続税を下げる

養子縁組で法定相続人を増やすことで
相続税の基礎控除額が大きくなります。

相続税の軽減を考えた場合、**養子縁組**して法定相続人を増やすというのもひとつの方法です。法定相続人が増えれば、その分相続税の基礎控除額が増えて、支払う税金が少なくて済みます。ほかにも、死亡保険金や死亡退職金の非課税枠が増えるというメリットが。つまり、**法定相続する人が増えるほど、節税を期待できるのです。**

相続税を抑えるポイント

法定相続人が
増えるほど
相続税を抑えられる

法定相続人が増えると、相続税の基礎控除額が大きくなったり、非課税枠を増やせたりします。養子縁組で法定相続人を増やすのも、節税の一手です。

しかし、**相続税を算出するうえで、基礎控除の対象となる法定相続人の人数には制限があります。**被相続人に実子がいれば養子ひとり、実子がいなければ養子2人までと決まっているのです。また養子が実子扱いとなる場合や、節税目的の養子縁組であるとして法定相続人に含まれない場合もあるため、どう節税対策を講じるかには注意が必要となります。

相続税の基礎控除における養子の人数制限

07 そもそも遺された配偶者には大きな控除がある

配偶者には相続税の優遇制度が多いので、
覚えておくとかなり便利です。

相続人のなかでも特に、配偶者には優遇制度が用意されています。まず知っておくとよいのが、**配偶者控除**です。これは、**配偶者が相続する遺産のうち、1億6,000万円、または法定相続分の、どちらか多いほうの金額分は相続税が免除されるというもの**。もし法定相続人が配偶者しかいない場合は、遺産全額が相続税免除となります。

配偶者控除で大幅に節税

遺産相続について
ご相談したくて……

配偶者控除が
使えますね！
申請しましょう

税理士

夫の遺産の
大部分に
相続税が
かからなかった！

1億6,000万円
無税

配偶者控除を申請すれば、1億6,000万円か、法定相続分までは無税となります。もし法定相続人が配偶者しかいない場合は、金額にかかわらず全額無税です。

このほか、配偶者居住権についても覚えておくとよいでしょう。これは、**被相続人名義の物件で配偶者が生前に被相続人と同居していた場合、被相続人の死後も配偶者がその物件に住み続けることができる権利です**。また短期居住権という、遺産相続が完了するまで、もしくは相続開始から6カ月以内までは住み続けられる権利もあります。

配偶者にやさしい措置

08 配偶者控除以外にも さまざまな控除がある

税を徴収しすぎたり、負担が重すぎたりしないよう、
対象者の相続税を軽くする制度があります。

前頁で配偶者控除について紹介しましたが、ほかにも多くの**税額控除**が存在します。ここで、いくつかご紹介しましょう。まず、贈与税額控除。これは、**相続開始前7年以内の贈与であれば、それにかかった贈与税分を相続税から差し引くというものです**。次に、外国税額控除です。故人の国外にある遺産を相続する際、その国で支払った相続税分を日本の相続税から除きます。

自分も控除の対象になるかも

税額控除を活用して
相続税を
減らすことができる

税額控除にはさまざまな種類があります。条件に当てはまるものはないか調べてみるとよいでしょう。

また、**10年以内に2回以上の相続が発生したときに適用される、相次相続控除というものもあります**。たとえば父親が亡くなり、そのときに相続人となった母親が相続税を支払ったとします。その後10年以内に母親も亡くなり、息子が相続人となりました。こういった場合、相次相続控除によって息子が支払う相続税が少なくなり、税負担が軽減されるのです。

さまざまな税額控除

09 葬儀にお金をかけると節税になる

人が亡くなった際に、必然的に発生する葬儀費用。
この費用は相続財産から控除することができます。

これまで、さまざまな控除制度についてご紹介してきました。それらに加えてもうひとつ、覚えておくとよいのが**債務控除**です。故人の債務を相続することになった場合に、遺産の総額から債務分が差し引かれ、残った分のみが相続税の対象となります。つまり、**マイナスの財産である債務には相続税がかからないのです。**

葬儀はしっかりと行うべき

葬儀費用は
債務控除に含まれる

故人の冥福を祈り、弔うために、ちゃんと葬儀を行うことは重要です。加えて、葬儀費用は債務控除の対象となるため、節税にもつながります。

この債務控除は、債務だけでなく葬儀費用も対象となります。故人をしっかり弔うために立派な葬儀を行えば、その分節税できるのです。ここで、**葬儀費用に含まれるものと、含まれないものがあることに注意しましょう。**通夜や告別式の費用は葬儀費用として控除の対象になりますが、香典返しや法要の費用などは基本的に対象になりません。

葬儀は節税にも有効

音信不通の相続人と
連絡がとれないと
全員に不利益が生じる

　遺産分割ができず、相続登記がなかなか進まない原因のひとつに、音信不通の相続人がいるケースが挙げられます。本来の所在先からいなくなったまま連絡がとれず、生死も不明な「不在者」がいると、遺産分割協議がストップしてしまうのです。なぜなら、行方不明の相続人を除外して協議を行うことはできないからです。

　この際、不在者を「失踪＝死亡」とみなし、不在者の利害関係者などが「失踪宣言」を行って一連の協議を進めることになります。ただし、生死不明となってから7年が経過していなければ着手できず、手続きに1年ほどの時間を要します。

　不在者自身が、あらかじめ親族などに財産管理を依頼している場合は、家庭裁判所から許可を得たうえで、その依頼された人が遺産分割協議に参加します。

　依頼された財産管理人がいない場合は、家庭裁判所に不

在者の代わりに協議に参加する「不在者財産管理人」の選任を申し立てることができます。申し立てを行えるのは、利害関係者である不在者の配偶者や相続人にあたる者、債権者などです。

　こうした家庭裁判所での申し立ては、とても煩雑な手続きが必要になりますが、面倒だからと遺産分割をせずに放置するともっと大きな問題に発展することがあります。

　相続財産のなかに不動産がある場合、それらを活用できなくなるばかりか、法定相続人同士での「共有」状態となり、不動産の解体、建て替え、売却、賃貸を行うには、すべての相続人の合意が必要となってしまうのです。ちなみに、その状態が長引けば、固定資産税だけが毎年かかってしまいます。

　また、相続財産が一定額以上のときには、相続税の申告と納税も必要になります。しかし、不在者がいることで遺産分割協議が成立していないと、相続税の配偶者控除や小規模宅地等の特例などの適用が受けられず、相続人全員に不利益が生じてしまうのです。

Chapter 7

ENMAN SOUZOKU NO KOTSU
mirudake notes

円満相続で
終わるために

相続手続きは自分でできるのか。人に頼るとしても、誰を頼ればよいのか。また、税務調査が入ったらどうすればよいのか。実際に相続をするにあたり、プラスで知っておくと役立つ知識を解説していきます。ぜひ活用して、円満な相続を目指しましょう。

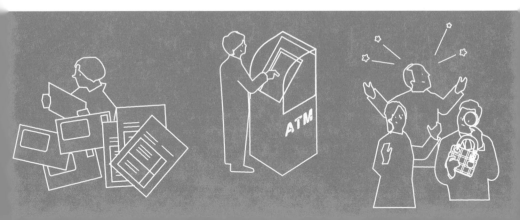

01 相続の手続きは自分でできないこともない

相続する際は、さまざまな手続きが必要となり、
気をつけなければならないことも多くあります。

遺産を相続することが決まり、手続きが必要となった場合、誰の助けも借りず**個人**で対処することは可能なのでしょうか。たいていは、**相続にくわしい税理士や司法書士といった専門家に依頼するのが一般的ですが、依頼料もそれなりに必要になります**。結論をいえば、個人で対処できないこともないですが、大変な作業であることは間違いありません。

相続手続きはやることがいっぱい

個人での手続きは
申告漏れに要注意

相続の専門家に依頼せず、自分で手続きをすることも
可能ですが、相続税の計算ミスや書類の記入漏れ、
申告期限の遅延など、注意点に溢れています。

自分で手続きを行う場合には注意点も多くあります。**相続税の計算は複雑でミスする可能性が高いうえ、書類の作成にはかなりの時間が必要となるのです。**もし申告期限を過ぎれば、延滞税がかかってしまうこともあります。また、専門的な知識がないと、節税にまで配慮することは難しいでしょう。相続の手続きは、かなり負担の大きい作業であるといえます。

相続手続きの流れ

02 相続の専門家って どんな職業の人たち？

それぞれの職業が何を得意としているのか、
理解しておきましょう。

相続の手続きを依頼するとして、誰に頼めばいいのかわからない人も多い
と思います。相続の**専門家**としては、主に４つの職業が挙げられます。ま
ず１つ目が弁護士です。法律全般にくわしく、相続に関しても包括的に対
処してもらえます。２つ目は税理士。**相続税の計算や申告、節税といった
内容を得意としている**のがこの職業です。

職業ごとの役割を理解しよう

専門家ごとに
得意とする分野がある

相続に関してどういったことを相談したいの
か、そこをはっきりさせると、どの専門家に
依頼すればよいかが見えてくるでしょう。

3つ目は司法書士。不動産や土地に関する権利関係を明確にする登記や、民事信託、遺言などについて相談できます。そして最後、4つ目は行政書士です。相続に際して必要となる各種の書類を作成してもらえます。**それぞれ得意としている分野が異なるため、身を置いている相続の状況に応じて、各々の専門家の手を借りることも視野に入れておくとよいでしょう。**

相続の専門家4選

相続税なら任せて！節税対策も提案します

多岐にわたる書類の作成や名義変更をお手伝いします

税理士

行政書士

法律全般にくわしく相続トラブルにも対応できます

不動産の相続や民事信託などの事案が得意です

弁護士

司法書士

職業ごとに対応できる業務が異なってくるため、依頼したい内容と対応業務がマッチしているか注意する必要があります。

KEY WORD ➡ ☑ みなし贈与

03 税務署への申告で気をつけるべきこと

こちらに贈与のつもりがなかったとしても、
税務署から贈与であると判断される場合があります。

贈与する側とされる側が、**お互いに何かを与える・受け取るという意識を持っていなかったとしても、税務署が贈与であるとみなせば、それは「贈与」となります**。こういった種類の贈与を**みなし贈与**といい、一般的な贈与と同様に贈与税や相続税を支払わなければなりません。このみなし贈与に明確な判断基準はなく、臨機応変な対応が必要です。

贈与の扱いには注意が必要

贈与の意図がなくとも
贈与と判断される
ことがある

贈与のつもりがなかったとしても、税務署に贈与に値する利益を得たと受け取られれば、みなし贈与として扱われます。

わかりやすい例をひとつ挙げます。息子が500万円の借金をしていたとします。この500万円のうち、父親が半分の250万円を肩代わりし、無事返済し終えました。この場合、**肩代わりしてもらった250万円は、息子への贈与であると判断され、みなし贈与となります。**もし借金を全額父親が支払った場合は、500万円全額がみなし贈与です。

みなし贈与となるケース

1,000万円の絵だが
50万円で譲ろう

父　息子

ものを低額で譲渡した

500万円の
借金があるんだ

半分肩代わり
してやるぞ

借金を肩代わりした

これが私の取り分
でいいわよね？

あ、ああ……

**離婚時の財産分与に
大きなかたよりがある**

ここで紹介した以外にも、みなし贈与となるケースは複数あります。受け取る側に利益があると贈与と判断されることが多いので、そこに注目です。

04 税務調査は どんなケースが多い？

どういった状況だと税務調査が入りやすいのか
よくあるケースをご紹介します。

税務署は、納税者からの申告が正しいかどうかを調べる**税務調査**というもの
を行っています。誰にでも税務調査が入る可能性は十分にありますが、特に
入られやすいケースがいくつか存在します。まず、相続税を申告していない
場合。故人の死亡届を提出すると、その情報が税務署にも届きます。**死亡届
が出ているのに相続に関する申告がなされていなければ、税務調査が入るで
しょう。**

相続税の申告は慎重に

誰にでも
税務調査が入る
可能性はある

正しく相続税申告したつもりでも、ちょっとした
計算ミスや不備があるかもしれません。税務調
査が入ることもあると、心得ておいてください。

次に、相続する遺産が２億円以上ある場合です。高額であるほど徴収する税は高くなり、また計算ミスも起こりやすくなります。目安として、２億円を超えると調査対象となることが多いようです。このほか、海外資産を持っている場合も税務調査が入りやすいといえます。**納税をごまかそうと海外資産を悪質に利用する人が増えており、取り締まりが強化されているのです。**

よく税務調査が入るケース

そもそも申告していない

死亡届は出ているのに
相続税の申告がまだだ

調査が
必要でしょうか？

遺産額が
高額ですね

相続税を過少に
申告していないか
確かめよう

CHIPS

遺産が２億円以上ある

海外資産を持っている

海外に資産を
移していますね

法をかいくぐって
不正していないか
要注意だ

海外

05 税務調査が入ったときの 正しい対応の仕方

税務調査が入るからといって、焦る必要はありません。
正しい対応の仕方を知っておきましょう。

税務調査には、**任意調査**と**強制調査**の2種類があります。**前者は事前に税務署から連絡が届き、納税者の同意のもと調査の日時を決めます**。任意とありますが、実際拒否できるものではありません。後者は悪質な脱税が疑われる場合に、捜査令状のもと、納税者の同意なく抜き打ちで行われます。よほどのことがない限りは、任意調査であることが一般的です。

何ごとも準備が肝心

調査当日に向けて
準備しておこう

任意調査は事前に日時を決めて行います。当日までに
必要になりそうな書類や資料をそろえておくと、調査官
からの質問にも焦らず対応できるでしょう。

では、任意調査の連絡が届いたら、どうすればよいのでしょうか。まずは、**調査日に向けて準備を整える必要があります**。申告内容について質問されそうな箇所や申告で用いた資料などを整理して、あらかじめ用意しておくと安心です。また、申告内容を確かめるため、調査当日は相続人全員を集めておきましょう。事前にちゃんと準備することで、当日の進行がスムーズになります。

税務調査の正しい対応

①調査は基本拒否しない

②申告内容を再確認

税務署

任意調査させていただきたいのですが

税理士さんにも連絡しておこう

税理士

はい承知しましたでは、〇月×日で

申告に不備はなかったかな

必要になりそうな資料も準備OK！

よろしくお願いします

妹

弟

〇月×日

③事前に準備を整えておく

④調査当日は相続人全員が出席

相続のあと
税務調査官には
どんなことを聞かれるのか

相続の不安要素として「税務調査」があります。税務調査を受ける確率は決して低くなく、申告数の約20%が調べられ、その約80%が申告漏れを指摘されて追徴課税を支払っています。

税務調査では、相続人がさまざまな質問をされます。まず被相続人に関することです。「出身地や職業、住まい、結婚歴、時期、家族構成」といった基本的なプロフィールからはじまり、「収入源」や「事業内容や過去の相続」など、お金の流れについても聞かれます。また、被相続人と取引のあった「金融機関と支店名」や、「証券会社と証券口座」などについても聞かれます。そのほかにも、「月々の生活費、交際費」といったプライベートな出費状況だけでなく、被相続人が生前贈与を行っていた場合は、その内容についてもくわしく聞かれます。

そのほかにも——

・日記や家計簿の有無

・亡くなったときの状況（入院時期や病院名など）

・かかった介護費用や医療費

・生前の財産管理の状況

・印鑑の確認

・貸金庫の有無

といったように、さまざまなお金の動きに関する調査が入ります。また、相続人に対しても同様に、「出身校や職業、住まい」といったプロフィールにはじまり、「納税した金融機関と支店名」「現在と過去に取引のある金融機関と支店名」といったお金の流れに関する質問がされます。

　ちなみに、税務調査に関する質問は、相続人や被相続人だけに留まりません。相続人の配偶者や子どもの年齢、学校名、職業、財産状況などについても質問されることがあります。

　税務調査の結果、申告漏れがあった場合は修正申告が必要になるばかりか、ペナルティーとして延滞税などの追徴課税が課せられ、悪質な脱税と判断されると刑事罰に処せられることも。

　また、調査時期はおよそ決まっていて、申告の翌年か翌々年の8〜11月が多いようです。お金の管理はしっかりと行って税務調査に入られないことが一番ですが、もし調査される場合には、あらかじめ応答の予行練習をしておきましょう。

トラブルを回避して
円満な相続を！

　身近な方が亡くなってから葬儀までの手続き、遺産相続の手続きの流れや気をつけたいポイントを解説しましたが、本書をお読みになっていかがだったでしょうか？

　相続は一生のうちに何度も経験するものではないことから、新たな発見があった方も多いかと思います。

　ご遺族の方は、これだけの膨大な手続きを深い悲しみを抱えながら、わずかな期間で行わなければいけません。なかには、申告期限を過ぎるとペナルティーが発生するものもあります。相続手続きは、本当に精神的に負担がかかるものなのです。

　それに加えて、お金が絡む性質上、ご遺族間で話し合いがまとまらなくなる可能性も大いにあります。本来は深い悲しみを

共有し、故人との思い出を語り合える方々と憎しみ合うのはとても残念なことです。故人もそのようなことは決して望んでいないでしょう。

　大切なのは、生前からしっかり準備をしておくこと。これに尽きると思います。元気なうちに財産を整理して目録にまとめる、明確な内容の遺言書を書いて、その存在と保管場所をご家族に伝えておくなど、生前からできることは数多くあります。

　私も円満相続税理士として、すべての相続手続きが円満に終わることを切に願い、これまで活動を続けてきました。本書がみなさまの相続手続きを円滑に進める際の指針となれば、これ以上うれしいことはありません。

　最後に、本書を制作するにあたって、私のビジネスパートナーである湯本康平氏にご協力いただきましたこと、深く御礼申し上げます。

橘　慶太

主要参考文献・YouTube

『ぶっちゃけ相続「手続大全」
──相続専門 YouTuber 税理士が「亡くなった後の全手続」をとことん詳しく教えます!』
(橘 慶太 著、ダイヤモンド社)

『身近に亡くなりそうな人がいたら読む本
葬式、お墓、相続…"とんでもトラブル"解決法』
(市川 愛、髙橋希代子、山田静江 著、主婦の友社)

『身近な人が亡くなった後の手続のすべて(新訂版)』
(児島明美、福田真弓、酒井明日子 著、自由国民社)

『70歳をすぎた親が元気なうちに読んでおく本 改訂版
入院、死亡、認知症、介護、相続の対応がすべてわかる』
(永峰英太郎 著、たけだみりこ 画、二見書房)

『令和4年度版 プロが教える!失敗しない相続・贈与のすべて』
(相続サポートセンター(ベンチャーサポート相続税理士法人) 監修、コスミック出版)

『令和5年改正版　絶対に損をしない、わかりやすい相続・贈与入門』
(メディアックス)

『生前と死後の手続きがきちんとわかる
今さら聞けない相続・贈与の超基本』
(古尾谷裕昭 監修、朝日新聞出版)

『図解ポケット 最新 相続・贈与の法律がよくわかる本』
(相続・贈与の法律実務研究会 著、三木邦裕 監修、秀和システム)

『大切な身内が亡くなったあとの手続きの本』
(税理士法人・社労士法人・司法書士事務所・行政書士事務所 HOP 監修、エイ出版社)

【円満相続ちゃんねる】税理士橘慶太(YouTube)
@enmansouzoku

◉STAFF

特別協力	湯本康平（円満相続税理士法人）
編集	細谷健次朗（株式会社 G.B.）
編集協力	三ツ森陽和、吉川はるか
執筆協力	龍田 昇、原野成子、野村郁朋、上田美里
本文イラスト	本村 誠
カバーイラスト	ぷーたく
本文デザイン	別府 拓・奥平菜月（Q.design）
DTP	佐藤世志子

監修 橘 慶太（たちばな・けいた）

円満相続税理士法人代表。大学在学中に税理士試験に4科目合格。卒業前に税理士法人山田＆パートナーズへ正社員として入社し、相続専門の部署で6年間勤務。2017年に独立し、相続税に特化した円満相続税理士法人の代表を務める。「最高の相続税対策は、円満な家族関係を構築すること」をモットーに活動を行い、これまで手がけた相続税申告は500件以上、相談実績は5000人以上に及ぶ。2018年にはYouTubeにて「円満相続ちゃんねる」を開設。2024年5月現在、チャンネル登録者数は10万人を突破し、多くの人に相続の知識をわかりやすく伝えている。また、2020年に『ぶっちゃけ相続 日本一の相続専門 YouTuber 税理士がお金のソン・トクをとことん教えます！』（ダイヤモンド社）を刊行し、ベストセラーとなった。

決してもめない！手続きが2時間でわかる！
円満相続のコツ 見るだけノート

2024年6月20日　第1刷発行

監　修　　橘 慶太

発行人　　関川 誠
発行所　　株式会社 宝島社
　　　　　〒102-8388
　　　　　東京都千代田区一番町25番地
　　　　　電話　営業：03-3234-4621
　　　　　　　　編集：03-3239-0928
　　　　　https://tkj.jp

印刷・製本　サンケイ総合印刷株式会社